ROYAL HORTICULTURAL SOCIETY
DK GARTENTIPPS

WEGE UND TERRASSEN

ROYAL HORTICULTURAL SOCIETY
DK GARTENTIPPS

WEGE UND TERRASSEN

DORLING KINDERSLEY
LONDON • NEW YORK • MÜNCHEN • PARIS

DORLING KINDERSLEY

Reihenbetreuung Pamela Brown
Reihenbildbetreuung Stephen Josland
Gestaltung Alison Donovan

Cheflektorat Louise Abbott
Chefbildlektorat Lee Griffiths

DTP-Design Matthew Greenfield

Herstellung Ruth Charlton, Mandy Inness

Die Deutsche Bibliothek – CIP-Einheitsaufnahme

Ein Titeldatensatz für diese Publikation ist bei Der Deutschen Bibliothek erhältlich.

Titel der englischen Originalausgabe:
Paths and Paving

Übersetzung Karin Strack, Bergisch Gladbach
Redaktion und Satz Redaktionsbüro Christiane Blaß, Köln

ISBN 3-8310-0165-0

Printed and bound in Singapore by Star Standard Industries Pte. Ltd.

Besuchen Sie uns im Internet
www.dk.com

INHALT

WEGE UND TERRASSEN

WOZU BEFESTIGTE FLÄCHEN?

JEDER GÄRTNER SIEHT DIE ERDE lieber in den Beeten als an seinen Schuhen. Der praktische Vorteil befestigter Flächen ist der Hauptgrund für die Anlage von Wegen in unseren Gärten – aber die Materialvielfalt ermöglicht es auch, spezielle Effekte zu erzielen, die Garten und Beete verschönern; die Wege selbst können dabei zum Blickfang werden.

DER GEHKOMFORT

Befestigte Flächen erleichtern das Begehen des Gartens, ob vom Tor zur Haustür oder durch die Rabatten zum Komposthaufen. In erster Linie bieten solche Wege wetterunabhängig einen sauberen Zugang zu jedem Teil des Gartens. Sorgfältig ausgewählt sind sie außerdem dekorativ.
In die Planung einbezogen werden sollten Materialien, Farben und Stil der angrenzenden Gebäude sowie das Erscheinungsbild der Beete. Ein Weg aus Steinschutt oder Kies passt z. B. zu einem Steingarten. Wer Gartenarbeit als lästige Pflicht ansieht, kann sich mit gepflasterten Flächen Arbeit ersparen, ohne auf die Farbenpracht von Blumen zu verzichten. Sie können in Kübel, Töpfe und Hochbeete gepflanzt werden.

► EINEN WEG PLANEN *Attraktive und abwechslungsreiche Materialien machen diesen Pfad zu einem starken Gestaltungselement, das Haus und Garten auf ansprechende Weise verbindet.*

◄ PERFEKTER BELAG *Das Pflaster ist bei jedem Wetter zugänglich; die neutrale, lichtreflektierende Farbe bildet einen perfekten Hintergrund für diese Gewächse.*

Der architektonische Rahmen

Wie auch immer Ihr Garten aussieht, feste Materialien geben seiner Gestaltung eine Struktur. Sie bilden das architektonische Gerüst für die weicheren Elemente der Pflanzen, rahmen diese ein oder heben sie hervor. Alle harten Materialien müssen funktionell und beständig sein; sie sind das wichtigste Mittel, um Haus und Garten miteinander zu verbinden. Befestigte Flächen können sehr dekorativ aussehen, wenn sie mit den im Haus verwendeten Werkstoffen kombiniert bzw. auf sie abgestimmt werden.

Verschiedene Ebenen

Unterschiedliche Ebenen anzulegen, ist ein weiteres interessantes Gestaltungselement, das ermöglicht, besondere Merkmale des Gartens hervorzuheben. Ein abschüssiger Garten kann terrassenartig gestuft oder mit gebogenen Wegen angelegt werden. Die Terrassen kann man mit niedrigen Mauern oder Holz einfassen und durch kleine Hänge oder Stufen verbinden. Auf großen Stufen können Töpfe stehen, während schmale, gewundene Stufen zwischen hohen Gewächsen geheimnisvoll wirken – Verborgenes lockt hinter der nächsten Biegung.

STUFEN UND PFLASTERUNG
Wo das Gelände kein sanftes Gefälle zulässt, kann der Höhenunterschied mit einer Reihe von Stufen aus festem Material überwunden werden. Bei sorgfältiger Planung können die Stufen auch dazu einladen, verborgene Plätze zu erkunden oder Ausblicke von unterschiedlich hohen Punkten auf den Garten zu genießen.

◀ KIES ALS ALL-ROUND-MATERIAL
Schüttgut wie Kies ist praktisch, wirtschaftlich, stilvoll und lässt sich gut mit zahlreichen anderen Materialien, wie Kopfstein und kleinen Holzplattformen, kombinieren.

▼ DAS STRENGE MUSTER
Selbst flache und ebene Bereiche lassen sich interessant hervorheben, wenn man sie mit einfachem Belagmaterial (hier Ziegel) auf phantasievolle Weise und mit kleinen Höhenunterschieden anlegt.

Plätze zum Verweilen

Schmale, gerade Wege erfüllen oft nur die Funktion, von A nach B zu gelangen. Wenn sie sich aber zu einer breiteren Fläche öffnen, verweilt man instinktiv und betrachtet die Umgebung. Hier ist Kreativität gefragt, um unterschiedliche Oberflächen zu kombinieren. Eine grob strukturierte Oberfläche verlangsamt auf natürliche Weise den Schritt und weist so z. B. auf einen Aussichtspunkt hin. Ein Farb- oder Strukturwechsel kann ebenfalls als optische Markierung dienen. Damit wird eine andere Ebene oder Richtung angezeigt oder die Trennung zwischen unterschiedlichen Gartenbereichen definiert, so dass die Grenzen für verschiedene »Gartenräume« deutlich sind.

> Mit Farbe oder Struktur lassen sich unterschiedliche Gartenbereiche definieren

Leichte Pflege

Im Gegensatz zu Graswegen ist das Anlegen der meisten befestigten Flächen kosten- und zeitintensiv, aber langfristig gesehen sind die meisten recht pflegeleicht. Sie müssen lediglich zum Entfernen der Algen, die sich gewöhnlich bei feuchtem Wetter bilden, ab und zu geschrubbt werden.
Holzplattformen allerdings erfordern regelmäßige Pflege mit Beize und Holzschutzmitteln, damit sie länger halten und gut aussehen.

Der geeignete Standort

Die Wahl des Standorts für eine gepflasterte Fläche hängt weitestgehend von ihrer Nutzung ab, und danach richtet sich auch die Auswahl geeigneter Materialien. So ist es z. B. sinnvoll, einen Innenhof mit Sitz- und Essecke nahe der Küchentür anzulegen, oder einen Platz zum Ausruhen und Entspannen an einer abgelegenen Stelle, fern von jeder Hektik. Die zu verwendenden Materialien sind so zu wählen, dass sie der erwarteten Beanspruchung standhalten.

Grösse und Form

Die Form einer gepflasterten Fläche ist in erster Linie Geschmackssache, wichtig ist jedoch, ob die gewünschte Form ohne kompliziertes Zuschneiden in dem Material Ihrer Wahl auszuführen ist. Eine Fläche mit geraden Kanten oder lang gezogenen, geschwungenen Kurven ist nicht nur am einfachsten zu realisieren, sondern verleiht Ihrem Garten auch eine elegante Schlichtheit.

DER INNENHOF ALS »ZIMMER IM GRÜNEN«
Ein Innenhof mit Essecke ist in der Nähe der Gartentür sinnvoll. Honigfarbene Platten hellen den Bereich auf, ohne zu reflektieren.

Aber wichtiger als die Form ist die Größe. Die Flächen fallen leicht zu klein aus; teilweise, weil das menschliche Auge die Größenverhältnisse im Freien anders wahrnimmt als in Innenräumen. Gepflasterte Flächen sollten groß genug sein, um sich je nach dem vorgesehenen Zweck frei bewegen zu können; z. B. ist für bequemes Sitzen um einen Esstisch eine Mindestbreite von zwei Metern notwendig. Wenn Sie noch einen Grill oder Töpfe und Pflanzen zur Dekoration sowie andere Gartenmöbel aufstellen möchten, muss die Fläche natürlich größer sein. Hier sollte nichts im Weg liegen, über das man stolpern könnte.

EINE LAUSCHIGE ECKE
Ein schattiger Weg, der leicht von glitschigem Schlamm, Moosen und Algen frei zu halten ist, führt zu einer lauschigen Ecke.

Sonne und Schatten

Im Sommer ist eine schattige Sitzecke ein kühler Zufluchtsort, besonders wenn sie von üppigem Blattwerk umgeben ist. Im tiefen Schatten neigen jedoch feuchte Oberflächen zu Algen- und Moosbewuchs, vor allem im Winter und Frühjahr. Deshalb sollte das verwendete Material pflegeleicht sein. Grobere Oberflächen werden durch Bemoosung attraktiv, ohne rutschig zu werden; die glatte Struktur einer Kachel ist hier ungeeignet. Dunkel gebeiztes Holz wirkt im Schatten harmonisch, muss aber regelmäßig mit einem Holzschutzmittel gepflegt werden.

> Dunkel gebeiztes Holz fügt sich harmonisch in schattige Bereiche ein

Die meisten Materialien eignen sich für sonnige Bereiche. Steine und Pflaster reflektieren Wärme und können im Sommer zur Sonnenfalle werden, im Winter dagegen angenehm und jederzeit zugänglich. Die Oberflächenstruktur sieht man in der Sonne am deutlichsten, Muster kommen hier am besten zur Geltung. Helle Materialien reflektieren das Sonnenlicht, während gelbe und graue Töne aufhellen, ohne zu blenden.

SICHERHEITSASPEKTE

Um das Risiko für den Diebstahl von Töpfen, Zierrat und Gartenmöbeln einzudämmen:

- Töpfe, Tröge und Gartenbänke mit in Beton oder zwischen Platten eingelassenen Bolzen sichern.
- Töpfe bündig in den Boden zwischen dem Belag einlassen oder große, schwere Kübel verwenden.
- Kies oder Steinsplitt kündigen jeden Besuch geräuschvoll an.
- Eine Gartenbeleuchtung sorgt für bessere Sicht bei Nacht.
- Vermeiden Sie hohe Pflanzen, die Eindringlingen als Deckung dienen können.

Der Verlauf der Wege

Wege sollen begangen werden, daher ist es sinnvoll, nur Plätze durch Wege zu erschließen, die auch aufgesucht werden. Die am häufigsten benutzten Strecken sind Grundlage für Ihre Planung, dann erst folgen ästhetische Überlegungen, die den Wegverlauf an die Konturen von Rasen und Rabatten anpassen. Planen Sie auch Ausblicke in den Garten ein. Ein klassischer Plan sieht gerade Strecken vor, eine naturnahe Gestaltung eher verschlungene Pfade.

Von A nach B

Bei der Planung praktischer Allwetter-Gartenwege sollte man eine gut begehbare Oberfläche wählen. Um graue, den Garten durchziehende Laufflächen zu vermeiden, wählt man Beton mit einer interessanten Deckschicht *(S. 44–45)*. Wenn Sie sich für Kies entscheiden, sollten Sie eine Sorte wählen, die groß genug ist, sich nicht in Ihren Schuhsohlen festzusetzen, und klein genug, um bequem darauf zu gehen *(S. 49)*. Wenn Wege häufig frequentiert werden – besonders von Kindern –, sollten Sie die »Wunschverbindungen« suchen, normalerweise ist das die kürzeste Strecke zwischen zwei Punkten. Hat der Weg einen unbequemen Verlauf, wird er nicht benutzt. Mit großzügig geschwungenen Wegbiegungen

DER DIREKTE WEG *Manchmal verläuft der praktischste Weg von A nach B in einer geraden Linie. Dieser kurze Vorgartenweg ist ausreichend breit und gerade, um die Strecke leicht zu bewältigen, besonders, wenn man Einkäufe oder andere Sachen dabei hat. Diese harmonische Anordnung zeigt, wie selbst streng Funktionelles attraktiv gestaltet werden kann. Sowohl Stil wie Farben passen zur Epoche des Hauses und den verarbeiteten Materialien.*

▲ DER RABATTENWEG
Eine Reihe von Trittsteinen ist praktisch, um die Pflanzen in Rabatten zu pflegen. Verborgene Knollen werden geschützt, und man tritt nicht versehentlich auf ruhende Pflanzen.

◄ DER GEWUNDENE PFAD
Die geschwungenen Kurven dieses Pfads laden zum Entdecken ein – man möchte wissen, was sich hinter der nächsten Biegung verbirgt.

lässt sich vermeiden, dass Abkürzungen über rechtwinklige Ecken genommen werden, die zu abgetretenem Rasen oder durchlaufenen Rabatten führen. Kurven lassen sich auch viel einfacher mit einer Schubkarre oder einem Rasenmäher meistern.

Wege müssen nicht immer gepflastert oder mit Kies belegt sein. Kleine Pfade aus Trittsteinen genügen oft für die Pflege der Pflanzen in den Beeten. Graswege hinter breiten Rabatten sind nützlich für gelegentliche Arbeiten, wie das Schneiden einer Hecke.

Blickrichtungen

Wie der Blick von einem Bereich zum andern gelenkt wird, ist einer der wichtigsten Gestaltungsaspekte beim Anlegen eines Weges. Ein gerader Weg scheint alles offen zu legen, aber mit einem Blickfang als Abschluss schmeichelt er dem Auge. Das heißt nicht unbedingt, dass der gesamte Garten überblickt wird – andere Wege können so angelegt sein, dass man sie erst beim Begehen des Hauptweges entdeckt.

> Ein gewundener Pfad ist ein Anreiz, den Garten zu erkunden

Ein gewundener Pfad, der sukzessive den Blick freigibt, ist ein Anreiz, den Garten zu erkunden. Ein Sitzplatz an einer Gabelung bietet Ausblicke in diverse Richtungen, liegt aber oft ungeschützt. Von einer lauschigen Ecke am Ende eines Pfads kann man ungestört Pflanzen und Aussicht genießen.

WEITERE PRAKTISCHE ÜBERLEGUNGEN

DIE BREITE DER GEPLANTEN WEGE ist sehr wichtig, sie werden oft zu schmal angelegt. Bei angrenzenden hohen oder überhängenden Pflanzen erscheint selbst ein geräumiger Weg schmal, und bei feuchtem Wetter ist es unmöglich, ihn zu benutzen, ohne im Vorbeistreifen nass zu werden. Niedrige Kriechpflanzen können – selbst wenn sie zum Abrunden scharfer Kanten eingesetzt werden – ebenfalls die Breite und Zweckmäßigkeit eines Weges einschränken.

STIL UND ZWECK

Kurven und Biegungen im Weg- und Stufenverlauf verleihen dem Garten Charakter, sind aber ein Ärgernis, wenn man auf ihnen den Kompost in der Schubkarre fahren muss. Nehmen Sie sich Zeit, die Strecken auszuwählen und ihre vorwiegende Nutzung festzulegen. Der klassische Stil eines Parterre verlangt z. B. nach schmalen Wegen im rechten Winkel zueinander, die kleine Beete einrahmen. Das Parterre erfordert jedoch selten schwere Arbeiten mit großem Gartengerät; dafür sind breite Wege mit abgerundeten Ecken eher geeignet. Die Kurven sollten breit und geschwungen sein, dann sind sie leichter zu nehmen und zu bauen. Gibt es Treppen, sind Tritthöhe und -breite wichtig. Breite flache Stufen können auch mit Schubkarre und Rasenmäher befahren werden; höhere Stufen eignen sich nur zum Begehen.

▲ DIE BELEUCHTUNG
Ausreichende, attraktive Beleuchtung sichert nicht nur die Stufen in der Dunkelheit, sie wird nachts auch zum Gestaltungselement.

▼ DER BLICKFANG
Großzügige Wege verstärken einen Blickfang; kleine Pflastersteine bilden eine sichere Fläche und sind problemlos kreisförmig zu verlegen.

DER ABGESENKTE GARTEN
Dieser abgesenkte Garten ist ein attraktiver Blickfang, eignet sich aber weniger für einen Familiengarten, der von Kleinkindern oder älteren Menschen benutzt wird. Der Höhenunterschied wäre mit einem Eingang aus flachen Stufen leichter zu bewältigen. Nachts sollte er sicherheitshalber beleuchtet werden.

Sicheres und einfaches Begehen

Auf den Hauptwegen darf nichts herumliegen, was zu Unfällen führen kann. Flankieren Pflanzen, Töpfe oder andere Ziergegenstände die Wege, müssen sie entsprechend breit angelegt werden; so verbindet man Zweckmäßigkeit mit Schönheit. Eine angemessene Breite ist an Wegkreuzungen besonders wichtig, vor allem, wenn man dort einen zentralen Blickfang errichten möchte.

> Häufig frequentierte Wege sollten frei begehbar sein

Wo Wege eine abrupte Wendung machen oder Stufen im Dunkeln benutzt werden, lohnt es, eine Beleuchtung zu installieren. Licht bringt Sicherheit, Leben und Atmosphäre in den nächtlichen Garten. Die Oberfläche von Wegen und Stufen ist ebenfalls ein wichtiger Sicherheitsfaktor. Abwechslung in der Struktur spielt oft eine wichtige Rolle in der Gestaltung, ist aber auf Ränder oder andere wenig frequentierte Bereiche zu beschränken. Ebene und rutschfeste Flächen sind für die Sicherheit derjenigen, die noch nicht oder nicht mehr so fest auf den Beinen stehen, besonders wichtig.

WEGPLANUNG

- Planen Sie Wege ausreichend breit: 1,5 m für Arbeitswege zum Befahren mit der Schubkarre.
- Halten Sie das Wegenetz einfach.
- Stellen Sie sicher, dass die gepflasterten Flächen rutschfest, eben und gleichmäßig sind. Halten Sie Wechsel in der Struktur auf einer Höhe mit den angrenzenden Flächen. Beschränken Sie hervorstehende Strukturen auf wenig frequentierte Bereiche.
- Kennzeichnen Sie Höhenunterschiede, damit man nicht stolpert.
- Legen Sie nicht zu steile Stufen von gleicher Höhe und Breite an. Heben Sie Kanten mit einem helleren Material hervor und beleuchten Sie sie nachts sicherheitshalber.

Dekorative Flächen

Gepflasterte Flächen verbinden nicht nur zweckmäßig Haus und Garten – wählt man die Materialien sorgfältig aus, sind sie schön und bilden einen perfekten Hintergrund für die Pflanzen. Die große Palette an Baustoffen verführt dazu, viele verschiedene auszuwählen, die verlegt unruhig und verwirrend wirken. Die besten Ergebnisse erzielt man mit wenigen Materialien, die, auf das Haus oder andere Objekte im Garten abgestimmt, ein harmonisches Ganzes ergeben.

Einheitlichkeit und Abwechslung

Bei der Wahl dekorativer Materialien suchen die Gartengestalter nach der goldenen Mitte zwischen Einheitlichkeit und Abwechslung. Ein einzelnes Material ist einfach mit den anderen im Garten verwendeten Baustoffen zu kombinieren. Große Flächen wirken jedoch leicht eintönig und brauchen etwas Abwechslung, um sie zu beleben.

Große Plattenflächen lassen sich z. B. mit Bändern aus Ziegelsteinen auflockern oder mit Terrakotta-Fliesen einrahmen. In Beton gebettete Kiesel oder andere Steine werten ebenfalls schlichte Pflasterungen auf. Mit Farb- und Strukturkontrasten kann man Hauptwege markieren oder Sitz- und Essecken abgrenzen. Unterschiedliche Ebenen sind ein zusätzlicher optischer Reiz, vor allem als Stufen oder Hochbeete.

In großen gepflasterten Flächen schafft man durch Weglassen einzelner Platten Raum zum Bepflanzen oder unterbricht die Monotonie durch attraktive Pflanzenkübel.

MATERIALKOMBINATIONEN *Holzplattformen auf farblich abgestimmtem Kies (oben) verbinden diesen Pfad mit einem Hochbeet aus Holz. Eingebettete Kiesel (rechts) bilden einen farblichen und strukturellen Kontrast, der die große Plattenfläche auflockert.*

DIE STILISIERTE ANORDNUNG
Hier harmoniert ein einfacher Kiesbelag perfekt mit dem vorherrschenden Objekt, zu dem die Trittsteine einen feinen farblichen und strukturellen Kontrast bilden. Die Steinlaterne regte zur wohl überlegten Auswahl weniger Materialien an, um eine gefällige Anordnung im fernöstlichen Stil zu kreieren.

Strukturen und Farben

Farben und Strukturen sollten auf das Haus oder andere Objekte im Garten abgestimmt werden. In Bauerngärten können auch Elemente aus der Umgebung berücksichtigt werden. Synthetische Farbtöne heller Platten wirken in ländlichen Gebieten eher unnatürlich und lassen sich kaum mit den Materialien älterer Anwesen kombinieren. Hier ist auf alt getrimmtes Recyclingmaterial wirkungsvoller. In modernen Stadtgärten harmonieren helle Farben gut mit gestrichenen Wänden, formschöner Keramik oder elegantem Mobiliar. Die strukturellen Kontraste sind zwar feiner, dennoch sind naturnahe Brauntöne, kühle Graunuancen und Terrakotta gut einzubeziehen.

> Helle Materialien eignen sich gut für Stadtgärten

Holz ist sehr vielseitig: Man kann es in naturnahen oder hellen Farben beizen, und es liefert selbst schon eine Vielfalt an Strukturen, von grob gehauen bis glatt gehobelt. Mit Farb- und Strukturkontrasten lassen sich Wege abgrenzen, Innenhofränder gestalten, große gepflasterte Flächen beleben oder Sitzecken hervorheben.

MATERIALAUSWAHL

Gute Ergebnisse erzielt man mit Materialien, die schon im Garten vorkommen. Farbe und Baustoff des Hauses haben wahrscheinlich den größten Einfluss auf die Wahl des Belags. Zu einem Backsteinhaus passen z. B. gepflasterte Flächen mit Einfassungen aus Ziegelsteinen oder Terrakotta-Fliesen. Ebenso ergänzen alte Ziegel und abgelagertes Holz die honigfarbenen Sandsteintöne.

Stehen Holzkonstruktionen im Garten, ein Sommerhaus oder eine Pergola, sind Holzplattformen eine gute Wahl.

Ein Steingarten gibt die Farbe für einen nahe gelegenen Pfad vor – Material aus dem gleichen Steinbruch fügt sich perfekt ein.

Nachahmung der Natur

Gartengestalter lassen sich schon lange von der natürlichen Umgebung inspirieren, und für die meisten sind natürliche Effekte immer noch die besten. Ein Pfad wie ein ausgetrocknetes Flussbett, dicht besetzt mit

> Küstengewächse neben wassergeschliffenen Kieselsteinen

verwildernden Pflanzen, ist nicht nur ein Gartenweg, sondern bietet die Gelegenheit, eine größere Pflanzenvielfalt anzusiedeln. Schieferbruch oder Kies erinnern an ein Geröllfeld in den Bergen und sind ideal für Alpenpflanzen. Geschliffene Kieselsteine bilden den perfekten Hintergrund für Küstengewächse wie Meerlavendel oder Meernelke. In küstennahen Gärten bieten sich anstelle von Kies zerkleinerte Muscheln für einen knirschenden Weg an. Holz ist die natürliche Wahl für einen Waldlandbereich, in Rindenmulch gebettete Baumscheiben runden das Bild ab. Eisenbahnschwellen sind ideal, um langlebige Wege anzulegen, und besonders wirkungsvoll, wenn sie eingebettet sind in Rinde oder Kies mit am Waldboden heimischen Gewächsen dazwischen.

Abstraktes Design

Kleine abgegrenzte Felder im Garten eignen sich für Experimente mit abstraktem Design. Dabei kann man sich von den Arbeiten

▲ ABBRUCHMATERIAL
Mit Bitumen imprägnierte alte Eisenbahnschwellen werden zu langlebigen, phantasievollen Wegen. Wie anderes Altmaterial verfügen sie bereits über das richtige Alter und Aussehen.

► EIN FLUSS AUS SCHIEFER
Japanische und chinesische Gartengestalter lassen sich von der Natur inspirieren. Hier suggeriert ein Band aus Schieferbruch einen plätschernden Bach im Kontrast zu dem klaren Wasser im »tsukubai«, einem traditionellen Ziergefäß.

DAS SCHACHBRETTMUSTER
Ein abstraktes Muster, in kleine Einheiten aufgeteilt, streckt teures dekoratives Material, so dass es für eine relativ große Fläche reicht.

moderner Künstler inspirieren lassen. Ein geometrisches, kantiges Design aus unterschiedlichen Materialien lässt ein lebendiges Farbenspiel entstehen. Hier kann man schlichte Pflasterung gut mit farbigen Materialien kombinieren und die Zwischenräume mit Pflanzen und Kies füllen. Sind die Pflanzen auf den Belag abgestimmt, werden die einzelnen Felder zu individuellen Kompositionen. Ein Schachbrettmuster aus

Ein schlichter Belag lässt sich mit kräftigen Farben originell kombinieren

Platten und Boden ist eine beliebte Anordnung für das Bepflanzen mit Kräutern, Alpenblumen und Zwiebelgewächsen. Eine Fläche in kleinere Felder einzuteilen hat den Vorteil, dass man relativ teure Materialien über eine größere Fläche strecken kann. Dort ist die Gestaltungsfreiheit dann grenzenlos: Glasperlen oder polierte Kiesel können als Kontrast gegen immergrüne Pflanzen gesetzt werden, zerbrochene Keramikfliesen können ein Mosaikbild oder andere Muster bilden. Abbruch-, Recyclingmaterial oder gefundene Objekte können Ihrer Gestaltung eine ganz persönliche Note verleihen. Neues oder altes Holz kann man streichen oder beizen, um eine zusätzliche Dimension und interessante Strukturen in den Garten einzubringen.

INSPIRATIONEN

- In öffentlichen und privaten Gärten finden Sie augenfällige Materialverwendungen. Abgewandelt werden diese zu Ihren eigenen.
- Baumärkte und Recycling-Bezugsstellen liefern Ideen; bei Installateuren gibt es Kupfergegenstände, die mit der Zeit eine attraktive Grünspanpatina annehmen.
- Gartenzeitschriften und -bücher geben optische Anregungen; das gilt auch für Publikationen zum Thema Innenarchitektur.
- Schauen Sie sich die Meeresküste, den Waldboden, die Geröllhalden im Gebirge und die Flussufer an; für den aufmerksamen Gärtner sind das großartige Inspirationsquellen.

ABSCHLIESSENDE AKZENTE

DER WEGSAUM UND DIE ANGRENZENDEN PFLANZEN können das Aussehen eines Weges stark aufwerten. Befestigte Kanten verhindern, dass loses Material in die Beete gelangt; kriechende Pflanzen verdecken schroffe Kanten und lassen neue Wege natürlich aussehen. Schulterhohe überhängende Pflanzen auf Hauptwegen erzeugen einen Eindruck von Weite. Niedrige Pflanzen wie Lavendel oder Bergenia betonen eher ein klassisches Ambiente.

BEPFLANZUNG

An sonnigen Stellen des Gartens sind duftende Pflanzen wie Kräuter, silberblättrige Federnelken und Lavendel eine gute Wahl für Wegränder, weil sie im Vorbeistreifen ihren Duft verströmen. Kriechpflanzen wie Thymian und Kamille lassen sich gut in Nischen zwischen Platten oder in Kies pflanzen. Sie sind auch ideal neben Sitzecken, wo man sich an ihnen erfreuen kann und ihr Duft zur Entspannung beiträgt. Platzieren Sie Töpfe und Kübel mit einjährigen und mehrjährigen Pflanzen am Saum der befestigten Wege, um einen sanften Übergang zwischen festem Belag und angrenzenden Pflanzen zu schaffen, oder

KÜHLE KONTRASTE *Die warme Farbe der festen Materialien lenkt hier den Blick vom Saum aus kühlen Tönen auf höhere Ebenen. Duftende Pflanzen verströmen ihr Aroma, wenn man an ihnen vorbeistreift, und bringen so eine andere, eher ätherische Dimension ein. Die sorgfältig platzierte Terrakotta-Urne, die sich nahtlos in das warme Ziegelsteinpflaster einfügt, bildet das Pendant zu den ansteigenden Stufen, die den Ausblick abschließen.*

arrangieren Sie sie in Gruppen, um die Monotonie großer Flächen aufzulockern.

DIE WEICHE EINFASSUNG

Kleine kompakte Pflanzen eignen sich gut für Wegeinfassungen. Zu den beliebtesten gehört der Zwergbuchsbaum, der 15 cm hoch gehalten werden kann. Lavendel und

> Funkien sind hervorragende Randgewächse

Heiligenkraut können ebenfalls zu niedrigen Hecken im klassischen Stil gestutzt werden. Klassisch wirkt auch eine symmetrische Bepflanzung mit strukturierenden Pflanzen wie Yuccas entlang des Pfads. Steinbrech *(Saxifraga × urbium)*, Bergenia- und Federnelkenarten bilden flache Blattkissen und sind immergrün. Funkien sind ausgezeichnete Randgewächse, ihre vielfältigen Blattgrößen lassen sich gut an die Oberflächen anpassen oder zu ihnen in Kontrast setzen. Ziegelsteinwege heben großblättrige Sorten hervor; kleinblättrige Funkien passen zu schmalen Pfaden. Obwohl Funkien Laub abwerfende Pflanzen sind, können Frühlingsblumenzwiebeln darunter gepflanzt werden. Wenn diese verblühen, verdecken die Funkien die welkenden Blätter.

▲ DIE NATURNAH GESTALTETE EINFASSUNG
Kleine, rosettenförmige Alpenpflanzen, wie dieser Hauswurz, breiten sich schnell in steinigen Pflanzstreifen zwischen der Pflasterung aus.

▼ DIE KLASSISCHE EINFASSUNG
Die präzise Linie dieser traditionellen Randsteine betont die krause Fläche der akkurat geschnittenen Zwergbuchsbaumhecke.

PFLANZEN FÜR GEPFLASTERTE FLÄCHEN

FÜR PFLANZSTREIFEN

Acaena microphylla
Ajuga reptans
Alchemilla °
Armeria maritima
Aubrieta +
Ceratostigma
Erinus alpinus
Euphorbia cyparissias
  E. myrsinites
Festuca glauca
Hebe +
Helianthemum +
Jovibarba +
Lamium maculatum
Ophiopogon planiscapus
Persicaria affinis
Phlox subulata
Plantago nivalis
Potentilla alba
Pratia °
Raoulia australis
Rhodanthemum
Salvia officinalis
Saponaria ocymoides
Saxifraga x urbium
Sedum +
Sempervivum
Sisyrinchium striatum
Stachys byzantina
Viola riviniana Purpurea-Gruppe
Yucca filamentosa

° die meisten Arten
+ viele Arten

DUFTENDE PFLANZEN

Artemisia acucasica
  A. schmidtiana
  A. stelleriana
Chamaemelum nobile ›Treneague‹*
Mentha pulegium
  M. requienii *
Salvia officinalis
Thymus serphyllum *

* trittbeständig

DIE HARTE EINFASSUNG

Eine saubere, haltbare Einfassung ist der perfekte Abschluss für einen Weg. Es ist ästhetisch und praktisch, wenn so die Erde vom Weg fern gehalten und der Weg nicht matschig wird. Moderne Reproduktionen traditioneller viktorianischer Terrakotta-Fliesen im Seilmuster sind zwar teuer, halten aber lange und werden sowohl klassischen als auch naturnahen Anordnungen gerecht. Eine Betoneinfassung ist preiswert und für moderne Arrangements angemessen, aber elegantere Effekte erzielt man mit formschönen Alternativen wie Gusssteinrändern. Praktisches und preisgünstiges Abbruchmaterial wie Dachziegel und Holz lassen sich mit etwas Phantasie zu ungewöhnlichen Wegeinfassungen verarbeiten.

Abbruchmaterial – praktisch und preisgünstig

DIE INNENHOFDEKORATION

Eine vielfältige Palette an Töpfen und Kübeln steht für die Dekoration von Innenhöfen zur Verfügung. Mit zarten Pflanzen gefüllt, vermitteln sie die Illusion tropischer Wärme in den Sommermonaten, während Frühlingsbeete im Frühjahr für Farbe sorgen.

RASEN GRENZT AN PLATTEN
Harte Kanten werden durch Rasenfugen zwischen den Platten abgerundet. Die Platten sollten dabei tiefer als der Rasen liegen.

Ein Ziergegenstand dazwischen, der auch isoliert stehen kann, rundet den Effekt ab. Ob Sie nun eine Gruppe von Töpfen oder Ziergegenständen oder einen einzelnen als Blickfang nehmen, suchen Sie einen ruhigen Platz an Rändern von Stufen oder Hauptwegen dafür aus. Sparsam eingesetzt und mit einem Auge für Größe und Höhe zusammengestellt, heben sie dadurch ein Design hervor, ohne es unruhig wirken zu lassen.

DIE KLASSISCHE EINFASSUNG
Moderne Formtonrand-Fliesen sind frostbeständig und bilden einen sauberen und haltbaren Rand im klassischen Stil.

DIE MUSCHELEINFASSUNG
Muscheln sind eine schöne und ungewöhnliche Einfassung, aber vermeiden Sie scharfkantige in Gärten, in denen Kinder spielen.

WEGE UND FLÄCHEN ANLEGEN

IM FOLGENDEN werden einige einfache Gestaltungen mit einer Reihe von Materialien und Techniken vorgestellt, die auch Ungeübte problemlos angehen und an nur einem Wochenende mit zufrieden stellenden Ergebnissen ausführen können. Beachten Sie, dass die Langlebigkeit aller Flächen von der für jeden Materialtyp geeigneten Verlegetechnik abhängt und die Gesamtkosten nicht nur das Verlegen einschließen, sondern auch die erforderliche Pflege und erwartete Haltbarkeit. Das Verlegen starrer, vorgeformter Platten *(S. 25)* – in vielfältigen Formen, Größen und Farben erhältlich – ist die teuerste Methode, aber Platten, die auf einem ordnungsgemäß vorbereiteten Untergrund gut verlegt werden, halten Jahrzehnte. Flexible Materialien *(S. 35)*, wie Kopfsteine, Granitwürfel oder Ziegel in Sand gebettet, sind ebenfalls kostspielig, aber robust. Mit den Jahren heben oder senken sie sich eventuell und brauchen etwas Pflege. Kies *(S. 49)* stellt nicht nur für Leute mit kleinem Portemonnaie eine attraktive Lösung vieler Probleme dar. Er muss aber regelmäßig nachgefüllt werden und verunkrautet leicht. Obwohl relativ preiswert, haltbar und einfach zu verlegen, hat Beton *(S. 41)* ein negatives Image, das aber durch seine Vielseitigkeit bei der Kreation dekorativer Flächen widerlegt wird. Kleine Holzplattformen *(S. 57)* sind stilvoll und mäßig teuer. Sie sind einfach zu verlegen und wenn sie mit entsprechenden Schutzmitteln behandelt werden, haben sie eine Lebensdauer von mindestens 25 Jahren.

STARRE PLATTENEINHEIT

FLEXIBLES MATERIAL

DEKORATIVER BETON

HOLZ-PLATTFORM

Der klassische Stil

Das Verlegen formal gestalteter, glatter und dauerhafter Muster auf Beton sowie klar definierte, gut gebaute Stufen und niedrige Mauern erfordern professionelle Bautechniken. Höhenunterschiede und Maße sind genau zu beachten, weil die Arbeit schwierig zu korrigieren ist. Entscheidend ist ein festes Fundament, denn wenn es nachgibt, können die Platten zerbrechen. Eine nicht zu anspruchsvolle Gestaltung lässt sich auch vom Laien ohne weiteres meistern.

Dauerhafte Pflasterungen

Das Verlegen von dauerhaftem Belag sollte sorgfältig durchdacht werden, bevor man den Baustoffhändler aufsucht. Lage, Form, Materialien und Verlegemethode hängen von der Beanspruchung, der jeweiligen Größe des Gartens und der bei den vorhandenen Gebäuden und Konstruktionen verwendeten Materialien ab.

Der klassische Stil zeichnet sich durch Symmetrie und Geometrie aus. Beides erreicht man praktisch am einfachsten mit Platten gleicher Größe und Form auf festem Fundament *(siehe unten)*. Er kann durch weichere Linien und Kurven aufgelockert werden, indem Materialien unterschiedlicher Größe verwendet werden, wie z.B. kleine Einheiten Mosaikpflaster in warmen Tönen oder in Mustern und Spiralen verlegte Ziegel- oder Keilsteine, die extra für Kreise geformt sind.

Vor Beginn der Arbeiten

- Stellen Sie vor dem Ausheben der Erde fest, wo Wasser- oder Gasleitungen, Elektro-, Fernseh- oder Telefonkabel verlaufen, damit sie nicht beschädigt werden. Inspektionsöffnungen müssen zugänglich bleiben.
- Jede Fläche direkt am Haus muss mindestens 15 cm unterhalb der Feuchtigkeitsisolierschicht abschließen und ein leichtes Drainagegefälle haben *(S. 26)*, um Wasser von den Hausfundamenten fern zu halten.
- Sie sollten die Pflasterung 24 Stunden oder besser zwei Tage lang nicht betreten. Manövrieren Sie sich beim Verlegen nicht in eine Ecke. Leiten Sie den »Verkehr« um.

DAS FUNDAMENT FÜR DEN BELAG *Der Schlüssel zum Erfolg beim Verlegen ist die Vorbereitung eines festen, ebenen Untergrunds, der aus mehreren Materialschichten besteht.*

VERSETZTE PLATTEN *Halbe Platten erlauben ein Abweichen vom starren Schachbrettmuster.*

MATERIAL
- 10 cm dicke, verdichtete Schotterschicht
- 5 cm dicke Sandschicht auf dem Schotter
- Platten (5 % Zuschlag, wenn Sie zuschneiden müssen)
- Fertigmörtelmischung
- Einfassung nach Wahl *(S. 28)*

WERKZEUG
- Markierpflöcke
- Richtschnur
- Winkelmaß
- Spaten
- Wasserwaage
- Flachmeißel
- Vorschlaghammer
- Kantholz
- Kelle
- Abstandhalter (1 cm Zapfen auf 5 cm Länge geschnitten)
- Schablone (wahlweise)
- Bürste

GELIEHENES WERKZEUG
- Plattenrüttler

DAS FUNDAMENT

1 **Markieren Sie die Fläche** mit Pflöcken und Schnur. Prüfen Sie mit dem Winkelmaß, ob die Ecken rechtwinklig sind.

2 **Heben Sie die obere Schicht ab;** berechnen Sie 15 cm für Schotter und Sand plus Belaghöhe. Verdichten Sie mit dem Plattenrüttler.

3 **Schlagen Sie alle 2 m** Markierpflöcke ein. Legen Sie ein leichtes Gefälle an *(siehe unten)*, damit das Wasser versickern kann. Prüfen Sie mit der Wasserwaage, ob Schnur und Pflöcke auf einer Höhe liegen.

4 **Schütten Sie Schotter auf,** der auf 10 cm verdichtet wird, fügen Sie 8 cm Sandschicht hinzu (verdichtet 5 cm).

DAS DRAINAGEGEFÄLLE

Die Fläche sollte sich auf 2 m um 2,5 cm neigen, damit das Wasser abfließen kann. Grenzt sie ans Haus, muss sie 15 cm unterhalb der Feuchtigkeitsisolierschicht liegen. Schlagen Sie Pflöcke im Abstand von 2 m in Reihen ein. Die erste Reihe am oberen Ende des Gefälles mit den Markierungen auf Bodenhöhe, die zweite Reihe mit einem 2,5 cm dicken Holzklotz auf den Pflöcken. Legen Sie ein Brett dazwischen und prüfen Sie mit einer Wasserwaage, ob das Brett auf gleicher Höhe liegt. Entfernen Sie den Holzklotz und wiederholen Sie den Vorgang bis zum Ende des Gefälles.

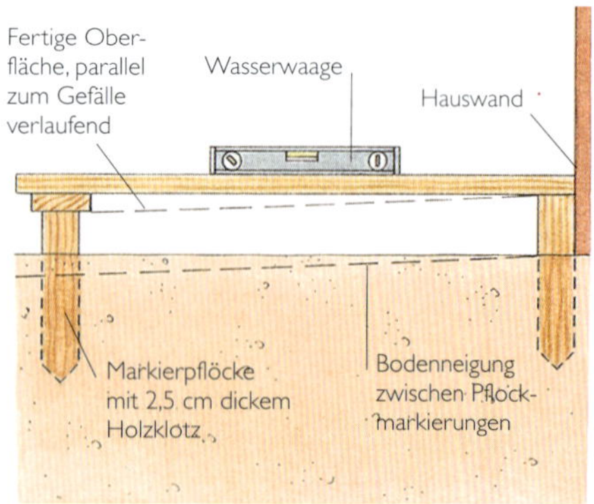

Das Zuschneiden der Platten

1 **Ziehen Sie** mit einem Flachmeißel auf einer festen Unterlage eine Rille auf beiden Seiten und Kanten der Platte.

2 **Vertiefen Sie** diese Rille mit Meißel und Vorschlaghammer.

3 **Legen Sie die Platte** mit der Rille auf ein Kantholz und klopfen Sie seitlich mit dem Hammergriff, bis sie bricht.

Das Verlegen der Platten

1 **Beginnen Sie an der Hauswand** oder einer geraden Kante. Legen Sie Mörtelstreifen zu einem Quadrat (etwas kleiner als die Platte). Bei großen Platten noch zwei Streifen kreuzweise.

2 **Legen Sie die Platte** auf den Mörtel, klopfen Sie sie fest. Prüfen Sie mit der Wasserwaage die ebene Lage. Verwenden Sie Abstandhalter für eine 1 cm breite Fuge.

3 **Entfernen Sie** die Abstandhalter, bevor der Mörtel hart ist. Füllen Sie die Fugen nach etwa zwei Tagen mit zähflüssigem Mörtel; mit einer Schablone *(kleine Abb.)* geht es leichter. Richten Sie den Schlitz genau über der Fuge aus. So kann man den Mörtel einfüllen, ohne die Platten zu verschmieren. Drücken Sie den Mörtel 2 mm tief in die Fuge und bürsten Sie die Platten gut ab.

ABSCHLUSSARBEITEN

Nach dem Verlegen der Platten kann man die Fläche mit einer Einfassung versehen, die praktisch und zugleich dekorativ sein kann. Die Einfassung fungiert als Rahmen, der eine Fläche vom angrenzenden Rasen oder den Blumenbeeten trennt. Bei flexiblem Material halten die Einfassungen den Belag an Ort und Stelle. Sie können aus dem gleichen Material angelegt werden oder aus einem anderen als Kontrast und Ergänzung zum Belag. Stilistisch gesehen gilt: Je dekorativer die Einfassung, desto weniger streng fällt der Abschluss aus. Materialien wie Holz, Ziegel, Pflastersteine und Fliesen bieten reiche Auswahlmöglichkeiten. Bei der Verwendung von Holz sollte man auf Druckimprägnierung achten; Ziegel, Fliesen oder Pflastersteine sollten in Mörtel gesetzt werden, damit sie sich nicht verschieben.

PFLASTERSTEINE ALS EINFASSUNG
Pflastersteine sind ein sauberer Abschluss für einen Innenhof. Die Zeichnung (rechts) zeigt, wie einfach sie zu verlegen sind. Unterhalb der Rasenebene erleichtern sie das Mähen.

EINFASSUNGEN AUS ANDEREN MATERIALIEN
Hier bilden in Beton gebettete, imprägnierte Minipalisaden und Pflastersteine eine attraktive Innenhofeinfassung. Die hohe Kante hält Pflanzen und losen Mulch zurück.

AUS PFLASTERSTEINEN

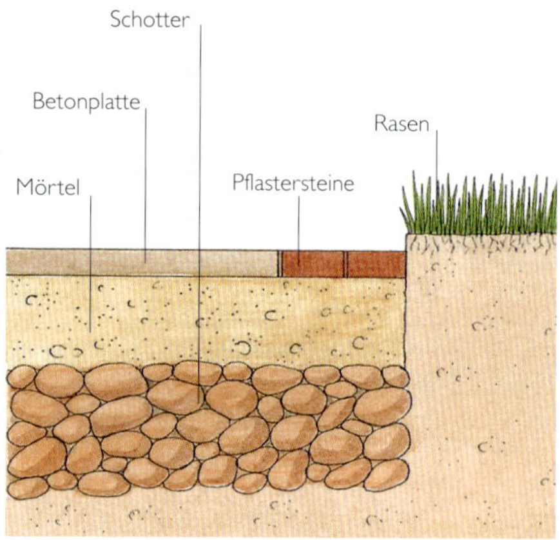

AUS ANDEREN MATERIALIEN

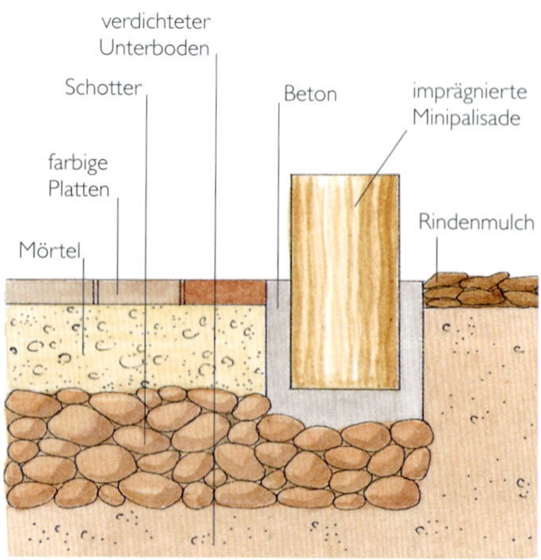

Alternativen für den Belag

Eine Reihe von Materialien wie Ziegel, Grafitwürfel und Mosaikpflasterung kann, ob gefunden, wieder aufbereitet oder gekauft, für Flächen im klassischen Stil genutzt werden. Sie müssen eben, rutschfest und ausreichend wetterfest sein. Ihre Dicke richtet sich nach der Belastungsart, z. B. danach, ob sie von Personen oder Fahrzeugen benutzt werden.

DIE ZIEGELPFLASTERUNG
Ziegel bilden eine ebene und attraktive feste Fläche. Verwendet man Abbruchziegel, ist darauf zu achten, dass sie wetterfest sind; Klinker von Fassaden neigen z. B. dazu, unter dem Wechsel von gefrorenem und getautem Boden zu bröckeln.

Vorgeformte Verlegeeinheiten

Baumärkte haben viele Verlegeeinheiten aus unterschiedlichen Materialien vorrätig, die sich zu einer Fläche zusammenstellen lassen, z.B. flexible Einheiten in runden und achteckigen Formen, manche erscheinen wie aus mehreren Einzelteilen zusammengefügt. Sie lassen sich schnell und einfach verlegen und erzeugen komplexe und fein strukturierte Effekte. Keilsteine oder -platten sind speziell für Kurven und Kreismuster gefertigt, um umständliches Zuschneiden zu ersparen.

KEILSTEINE

KLEINPFLASTER-PLATTE

ZIEGELEFFEKT-PLATTE

TERRAKOTTA-FLIESENBLOCK IM WABENMUSTER

DAS VERLEGEN VON MOSAIKPFLASTER

Eine wirklich glatte, sichere und undurchlässige Fläche aus Mosaikpflaster verlegt man am besten auf Mörtel und verfugt mit dem gleichen Material. Man sollte zunächst die Randsteine einsetzen und mit Mörtel verankern, so dass eine klare Begrenzung entsteht. Alternativ schneidet man eine gerade Kante in den Rasen und legt die Pflasterung daran an. In einer Ecke beginnend, legt man zunächst etwa 1 m^2 ohne Mörtel aus und passt die Stücke mit möglichst kleinen Fugen ein. Sobald man mit der Anordnung zufrieden ist, verlegt man die Steine auf Mörtel. Vor dem Verlegen der restlichen Steine ist die gleiche Höhe mit den Randsteinen mittels einer Latte und einer Wasserwaage zu prüfen.

EINE EINZIGARTIGE FLÄCHE
Sonnenflecken auf dem Mosaikpflaster schaffen eine freundliche Atmosphäre. Mosaikpflasterungen sind schön und immer einmalig.

1 **Markieren Sie mit Schnur** und Pflöcken die Höhe der Ränder und legen Sie ein Fundament *(S. 26)*. Setzen Sie dann die Randsteine mit den geraden Seiten nach außen.

2 **Große und kleine Platten** werden auf Mörtel gebettet und mit Kantholz und Vorschlaghammer festgeklopft. Achten Sie auf die einheitliche Höhe der mittleren und äußeren Platten.

3 **Die Fugen mit krümeligem**, fast trockenem Mörtel verfüllen oder Sand hineinbürsten, bei dunklen Steinen Fugenfarbe zusetzen.

4 **Schrägen Sie mit einer Fugenkelle** den Mörtel so ab, dass Wasser schnell von den Platten ablaufen kann.

Das Verlegen von Ziegeln

Bei einem Backsteinhaus wirkt ein Innenhof aus Ziegelsteinen wie eine optische Verbindung zwischen Haus und Garten. Ziegelsteine sind vielseitiger als Stein- oder Betonplatten, da sie sich in vielen unterschiedlichen Mustern verlegen lassen. Die Auswahl ist so groß, dass jeder leicht etwas Passendes findet. Bestellen Sie große Mengen bei den örtlichen Baustoffhändlern und vergewissern Sie sich, dass die Ziegel frostbeständig sind.

1 **Bereiten Sie das Fundament** *(S. 26)* unter Berücksichtigung des Platzes für die Randziegel vor. Bei kleinen Flächen kann man den Untergrund mit einem Holzbalken verdichten.

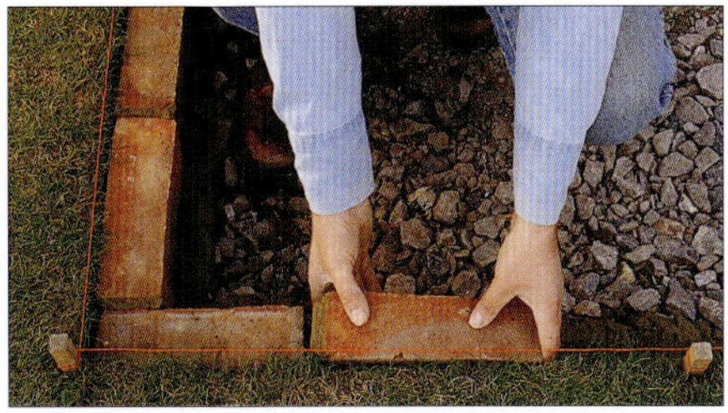

2 **Verlegen Sie die Randziegel** anhand von Schnur und Pflöcken auf der gewünschten Höhe. Um das Mähen zu erleichtern, sollte die Ziegeloberfläche unter der Rasenebene liegen.

3 **Verlegen Sie die Randziegel** auf Beton, und verfugen Sie sie mit Mörtel. Die übrigen Ziegel auf Mörtelkissen festklopfen. Dabei die Höhe nach allen Seiten prüfen.

4 **Verstreuen Sie eine dünne Schicht** trockenen Mörtel und bürsten Sie ihn in die Fugen. Sprühen Sie Wasser darüber, damit der Mörtel hart wird; dann die Fläche reinigen.

ZIEGEL IN MUSTERN VERLEGEN

Ziegel kann man auf einfache Weise in reizvollen Mustern verlegen. Beim Fischgrätenmuster muss man sie zuschneiden, damit sie an den Rändern passen. Im Idealfall sollten die Ziegel auf einer 2,5 cm dicken Mörtelschicht verlegt werden, aber wenn die Randziegel fest verankert sind und der Untergrund solide ist, kann man sie auch in Sand verlegen *(S. 35)*. Verwenden Sie gegebenenfalls dünne Holzspäne als Abstandhalter. Trockenmörtel zum Verfugen härtet bei feuchtem Wetter von selbst.

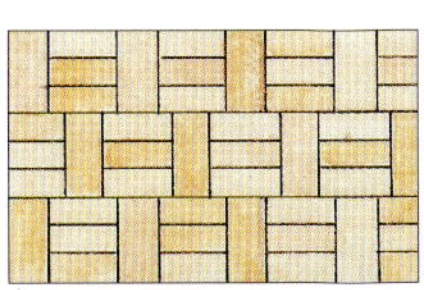

FLECHTMUSTER

KORBMUSTER

SCHACHTELMUSTER

FISCHGRÄTENMUSTER

VERSCHIEDENE EBENEN

Ein flacher, uninteressanter Garten lässt sich auf vielerlei Weise mit unterschiedlichen Ebenen verändern. Niedrige Mauern, Stufen und Hochbeete werten einen eintönig flachen Garten optisch auf und haben zudem noch praktische Vorteile. Eine niedrige Mauer schützt z. B. Beete vor Wind und Frost. In einem Hang angelegte Stufen lenken den Blick auf eine vorher vielleicht unauffällige, grasbewachsene Neigung und erleichtern das Begehen des Gartens. Das Verwenden gleicher oder harmonierender Materialien mit vorhandenen Objekten ergibt immer ein einheitliches Gesamtbild.

NIEDRIGE MAUERN

Eine niedrige Mauer, ob für einen Höhenwechsel oder für ein Hochbeet, ist ein einfaches Do-it-yourself-Projekt. Bei weniger als einem Meter Höhe sind kaum technische Fähigkeiten gefragt, und ein Verstoß gegen die örtlichen Bauvorschriften ist unwahrscheinlich. Es kommt darauf an, ob die Mauer als Barriere dienen oder überquert werden soll. Bei Mauern, die höher als 20–25 cm sind, muss dann eine Stufe angelegt werden, da dies der maximale Abstand für einen bequemen und sicheren Tritt ohne Stolperrisiko ist.

EINE BEGRENZUNGSMAUER
Diese Mauer aus bearbeiteten Steinblöcken ist einfach zu bauen und dient dem erhöhten Rasen als deutliche und saubere Einfassung.

DAS MAUERFUNDAMENT

Eine niedrige Mauer muss auf einem Fundament, wie z. B. einem Betonblock, stehen, der so in den Schottergrund der angrenzenden Pflasterung gebettet wird, dass er mit dessen Rand eine Linie bildet. Der erste Stein sollte mit der Pflasterung auf einer Höhe liegen. Darauf setzt man ein dünnes Rohr für den Wasserablauf oder füllt in eine senkrechte Spalte zwischen den Steinen der nächsten Lage keinen Mörtel. Der Mörtel sollte über die Kante des Betonblocks reichen, um ihn zu verankern. Lassen Sie eine 5 cm breite Lücke zwischen Pflasterung und Wand. Grober Kies in der Lücke und dem Raum zwischen Wand und Erde verhindert ein Verstopfen des Ablaufs.

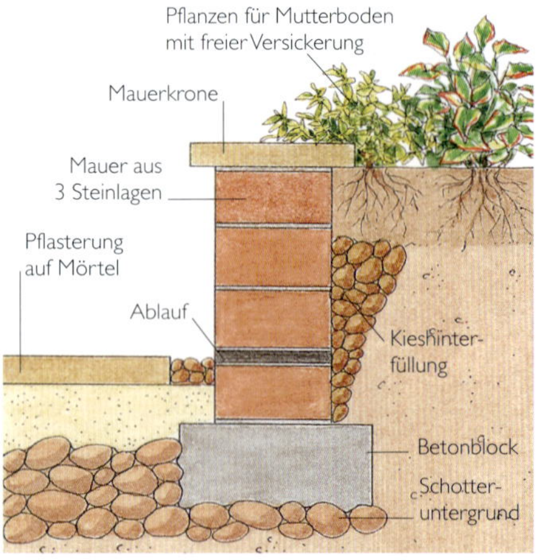

Einfache Treppen

Die Anzahl der Stufen errechnet man, indem man die Böschungshöhe durch die Höhe einer Setzstufe (einschließlich Platte und Mörtel) dividiert. Die Böschungshöhe misst man mit einer Schnur, die horizontal von einem Pflock oben an der Böschung zu einen Pfahl am Boden gespannt wird. Der Abstand zum Boden ergibt die Höhe.

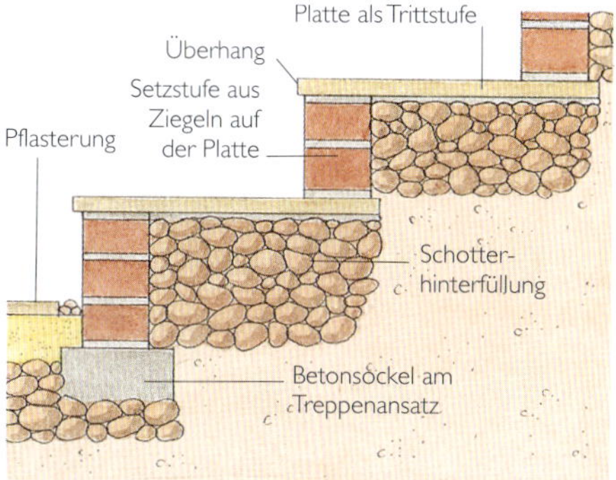

SICHERE STUFEN

Die Trittstufen sollten mindestens 30 cm tief sein und maximal 5 cm überhängen. Setzstufen sind in der Regel 10–18 cm hoch.

Einfache Stufen mit Platten

1 **Der Seitenverlauf der Stufen** wird mit Schnur und Pflöcken markiert, ebenso die Vorderkante der Trittstufen. Die Erde stufenförmig ausheben und für jede Trittfläche verdichten.

2 **Heben Sie einen 15 cm tiefen Sockel** von doppelter Ziegelbreite aus und füllen Sie eine 7 cm dicke Schotterschicht mit Beton auf. Darauf mauern Sie plan die erste Setzstufe.

3 **Füllen Sie die Setzstufe** mit Schotter bis zur Ziegeloberkante auf, feststampfen. Platten mit kleiner Fuge auf 1 cm dicken Mörtelrand setzen, so dass sie vorne 2,5–5 cm überstehen.

4 **Markieren Sie die Lage** der zweiten Setzstufe auf den Platten; mauern Sie sie mit Mörtel auf. Arbeiten Sie die Trittstufe wie die vorige. Zuletzt die Platten mit Mörtel verfugen.

DER NATURNAHE STIL

WENN SIE IHREN GARTEN naturnah gestalten, haben Sie freie Hand in der Wahl der Materialien für Pflaster und Flächen sowie bei Struktur- und Farbkombinationen. Dennoch müssen die Materialien praktisch und sicher sein. Naturnahe Anordnungen bieten sich für flexible Pflasterung, in Sand gebettet mit einem befestigten Rand, geradezu an. Das Verlegen ist einfach, einzelne Elemente lassen sich problemlos austauschen, und Fehler fallen nicht so stark ins Gewicht.

DIE NATURNAH GESTALTETE FLÄCHE

Bei Materialien unterschiedlicher Formen und Größen ergibt sich die Strukturvielfalt wie von selbst, sie verleiht dem Ganzen Charme und Charakter. Die reizvollsten Ergebnisse werden häufig mit Materialkombinationen erzielt, die im gleichen Farbnuancenbereich liegen. Bedenken Sie, dass zu viele unterschiedliche Farb- und Strukturelemente unruhig wirken.

GUTE ERGEBNISSE ERZIELT,

- wer die Flächen eben und rutschfest gestaltet und unregelmäßige, hervorstehende Strukturen auf den Randbereich begrenzt;
- wer bei unregelmäßig geformten Elementen mit unterschiedlicher Tiefe die Einbett-Tiefe jeweils so anpasst, dass die Oberfläche plan ist;
- wer mit alt aussehendem Abbruchmaterial, das relativ günstig ist, eine naturnahe Atmosphäre nahtlos in einen bestehenden Garten einbringt.

WICHTIGE BERECHNUNGEN
Insbesondere wenn Sie gefundene oder Abbruchmaterialien verwenden, sollten Sie grob die Größe jeder Fläche berechnen, die mit dem jeweiligen Material gefüllt werden soll, damit das Material ausreicht.

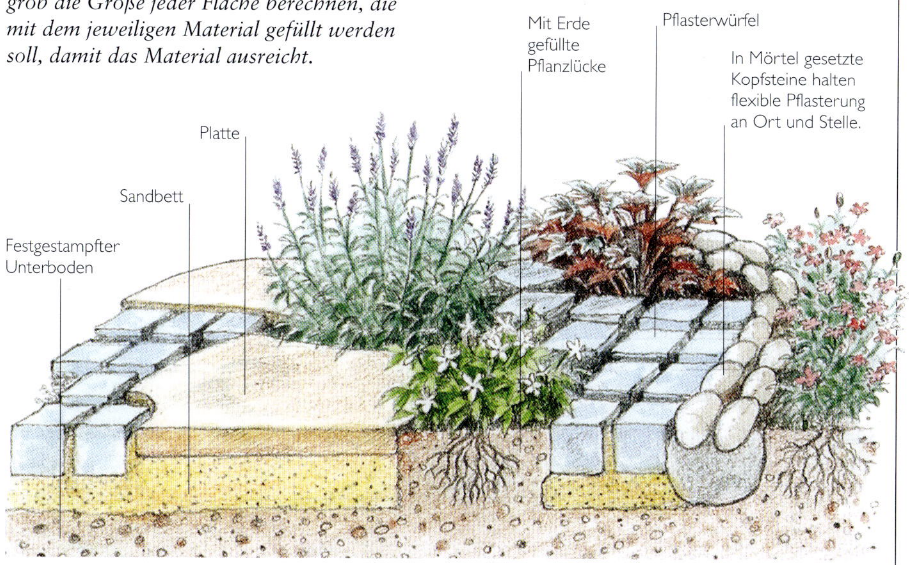

◄ FREI GESTALTETE KURVEN *Ein geschwungener Rand aus Kopfsteinen fasst lose verlegte Würfel ein.*

MATERIAL
- Verlegematerial: Platten und Granitwürfel
- Scharfer Sand für eine 8 cm dicke Schicht auf dem Untergrund
- Kopfsteine zur Einfassung
- Fertigmörtelmischung für die Kopfsteine

WERKZEUG
- Spaten
- Holzbalken
- Harke
- Kelle
- Wasserwaage
- Vorschlaghammer
- Handfeger
- Eimer

Vorbereitung des Untergrunds

1 **Markieren Sie** die Fläche, und heben Sie die Erde aus. Sie benötigen einen ebenen, verdichteten Boden, der eine 5 cm dicke, feste Sandschicht plus Platten so aufnehmen kann, dass sie bündig mit der angrenzenden Fläche abschließt. Stampfen Sie kleine Flächen mit einem Holzbalken fest, größere mit einem Plattenrüttler *(S. 67)*.

2 **Decken Sie** die gesamte Fläche mit einer 8 cm dicken Sandschicht ab; verdichtet ergibt sie 5 cm.

3 **Harken Sie den Sand** eben, wobei Sie Hohlräume und Unregelmäßigkeiten an den Kanten auffüllen.

4 **Treten Sie den Sand** mit den Füßen fest, damit eine 5 cm dicke Bettung entsteht.

Die befestigte Einfassung

1 **Ordnen Sie die Kopfsteine** nach Belieben an. Setzen Sie dabei mehrere gleichzeitig in den Mörtel, um eine ebene Kante zu erhalten, die höher als das angrenzende Bodenniveau ist.

2 **Setzen Sie die größten Platten** zuerst in das Sandbett. Unterfüttern Sie jede Platte oder entfernen Sie Sand, bis alle auf einer Höhe liegen.

3 **Kontrollieren Sie mit der Wasserwaage,** ob die Platten plan liegen. Wenn Sie auch mit den Beeten außerhalb der Pflasterfläche auf einem Niveau liegen, klopfen Sie sie fest.

4 **Legen Sie die Würfel** auf ungefähre Höhe mit den Platten, passen Sie die Höhe mit mehr oder weniger Sand an. Fügen Sie die Würfel eng ein, damit sie sich nicht verschieben.

5 **Wenn die Würfel** an Ort und Stelle in den Sand gesetzt sind, klopfen Sie sie mit dem Hammergriff fest ein.

6 **Prüfen Sie mit der Wasserwaage,** ob Würfel und Platten eben sind. Lassen Sie einige Nischen frei, um sie später zu bepflanzen.

Abschliessende Arbeiten

1 **Tragen Sie mit der Kelle** eine letzte Schicht Sand, der mit etwas Mutterboden gemischt ist, auf die Würfel, Platten und Fugen auf.

2 **Kehren Sie das Gemisch** mit einem Handfeger in die Fugen; beseitigen Sie Lufteinschlüsse, indem Sie den Sand mit einem kleinen Holzstück festdrücken.

Bepflanzung von Nischen

1 Heben Sie zunächst möglichst viel von dem Erde-Sand-Gemisch aus der vorgesehenen Pflanznische aus. Löffeln Sie es in einen Eimer, damit keine Erde auf die Pflasterung fällt.

2 Füllen Sie das Pflanzloch mit einer Mischung aus Kompost oder Mutterboden. Arbeiten Sie die Mischung mit einer Kelle gut unter die Erde.

3 Graben Sie für jede Pflanze ein Loch, in das der Wurzelballen passt. Setzen Sie die Pflanze hinein, unterfüllen Sie sie mit Kompostgemisch, drücken Sie alles fest an.

4 Fegen Sie daneben geschütteten Kompost auf die Pflanzstelle, bevor Sie die Pflanze wässern. Abschließend wird Splitt eingestreut *(siehe rechte Seite)*.

Bepflanzung von Spalten

Zum Säen die oberste Splittschicht wegkehren, Kompost hineingeben, mit einer Schicht Splitt bedecken und wässern. Kleine Setzlinge breiten sich rasch aus. Drücken Sie mit einem Pflanzstab ein Loch in die Erde und setzen Sie die Pflanze hinein. Dann festdrücken und wässern.

PFLANZENSAMEN

SETZLING

SPLITTABSCHLUSS FÜR BEPFLANZTE FLÄCHEN

Nach dem Bepflanzen werden die Oberflächen mit einer 1 cm dicken Splitt- oder Feinkiesschicht eingestreut. Der Splitt vereint die verschiedenen Elemente optisch und dient als Mulch, weil ohne Licht kein Unkrautsamen keimt. Er hält die Pflanzenwurzeln auch im Sommer kühl und feucht. Ein Splittabschluss um den Stiel von Alpenpflanzen oder silberblättrigen Pflanzen schafft eine hervorragende Versickerung und vermindert das Risiko starker Frostschäden in kalten, feuchten Wintern.

WEITERE PFLEGE
Gießen Sie die Pflanzen gut, während sie anwachsen. Später müssen sie, außer bei anhaltend trockenem Wetter, kaum gegossen werden. Halten Sie die Fläche unkrautfrei, gegebenenfalls mit einem geeigneten Unkrautvernichter, den Sie gezielt nach Herstelleranweisung einsetzen.

ALS LÜCKENFÜLLER GEEIGNETE PFLANZEN

PFLANZEN FÜR NISCHEN

Achillea clypeolata
Aethionema (die meisten Arten)
Alchemilla alpina, A. conjuncta
Anthemis punctata ssp. *cupaniana*
Arabis caucasica
Armeria maritima
Artemisia schmidtiana ›Nana‹
Buxus microphylla ›Green Pillow‹
Campanula arvatica, C. carpatica
Dianthus alpinus, D. arenarius
Euphorbia polychroma
Geranium clarkei, G. dalmaticum
Hebe cupressoides ›Boughton Dome‹
Helichrysum italicum
Heuchera micrantha ›Palace Purple‹
Heuchera ›Pewter Moon‹
Iberis (die meisten Arten)
Lavandula angustifolia ›Munstead‹
Potentilla alba
Veronica prostrata ›Trehane‹
Viola ›Huntercombe Purple‹, *V.* ›Jackanapes‹

PFLANZEN FÜR SPALTEN

Arenaria balearica, A. montana
Campanula cochleariifolia
Chamaemelum nobile ›Treneague‹
Leptinella atrata
Mentha requienii
Sempervivum (die meisten Arten)
Soleirolia soleirolii
Thymus pseudolanuginosus, T. serphyllum

BETON UND MÖRTEL

BETON HAT EINE WEIT VIELFÄLTIGERE OBERFLÄCHE als sein tristes Image vermuten lässt. Er ist einfach und schnell zu verlegen und kann zudem mit Farbe oder Struktur verschönert werden und so eine vollkommen neue Oberfläche erhalten, ohne seine Unverwüstlichkeit einzubüßen. Er eignet sich auch gut zum Einbetten anderer Materialien, wie Kopfsteine und sonstige dekorative Zusätze.

DAS BETONIEREN

Einen einfachen Streifen Beton brauchen Sie vielleicht für eine Auffahrt. Aber Beton- und Mörtelmischungen dienen auch als Grundlage für interessantere Strukturen. Mit einem hartborstigen Besen lassen sich Zuschlagstoffe, eingebettete Kiesel *(S. 45)*, Kopfsteine oder Glasstücke für mosaikartige Effekte freilegen und Kontraste schaffen *(S. 44)*. Alternativ ergeben z. B. in den Beton gedrückte Blätter und Muscheln ein reizvolles Muster *(S. 46–47)*.

ARBEITEN MIT ZEMENT

- Teilen Sie eine große zu betonierende Fläche in kleinere Felder mit höchstens 4 m Länge ein.
- Wenn Sie den Beton selbst ansetzen, beginnen Sie mit 1 Teil Wasser und 2 Teilen Zement, geben Sie nach und nach mehr Wasser hinzu.
- Sollte die Mischung zu flüssig werden, streuen Sie etwas trockenen Zement ein und arbeiten Sie ihn schnell und klumpenfrei unter.
- Betonieren Sie nicht bei Temperaturen um 0° C oder über 32° C.
- Lagern Sie Zementsäcke bodenfern auf Brettern, und decken Sie sie mit einer Plastikfolie ab, um sie trocken zu halten.

KIESEINLAGE *Die Mörtelfugen zwischen den Platten bringen durch die dicht eingebetteten Kiesel Abwechslung ins Bild; gleichzeitig ist es eine gute Möglichkeit, teures Belagmaterial zu strecken.*

◄ EINLEGEMUSTER *In Beton gesetzte glasierte Keramikkugeln zaubern eine stilvolle Oberfläche.*

MATERIAL
- 8 Schalungsbretter, 2,5 cm dick
- Nägel, 5 cm lang
- Schotter für eine 10 cm dicke Schicht
- Beton für eine 10 cm dicke Schicht auf dem Schotter
- Plastikplane

WERKZEUG
- Pflöcke, Schnur, Kantholz
- Winkelmaß
- Spaten
- Wasserwaage
- Hammer
- Vorschlaghammer
- Walze
- Holzbalken
- Kelle
- Reibebrett

Für Flächen von mehr als 4 m² sollte man einen Betonmischer mieten.

Die Einschalung

1 Nach dem Markieren der Fläche *(S. 26, Schritt 1)* heben Sie den Boden 20 cm tief aus. Setzen Sie Nivellierpflöcke in 1 m Abstand entlang der Schnur. Richten Sie sie mittels Kantholz und Wasserwaage auf gleiche Höhe aus.

2 Entfernen Sie die Schnur und nageln Sie die Bretter an die Pflockinnenseiten, so dass sie an den Ecken aneinander stoßen. Halten Sie beim Nageln mit einem Vorschlaghammer auf der anderen Brettseite gegen. Der Rahmen hält den Beton, bis er hart ist.

Die Schotterschicht

1 Verteilen Sie eine 10 cm dicke Schotterschicht. Teilen Sie große Flächen mit Brettern in Abschnitte von 4 m, um Dehnfugen anzulegen, da sonst der Beton reißen kann.

2 Walzen Sie den Schotter oder verdichten Sie ihn gründlich mit einem Holzbalken, so dass keine Hohlräume zwischen Schotter und Unterboden entstehen.

DAS BETONIEREN

1 Gießen Sie den Beton 10 cm hoch in den ersten Abschnitt, und verteilen Sie ihn gleichmäßig mit Spaten oder Kelle, auch in den Ecken.

2 Verdichten Sie den Beton durch Klopfbewegungen mit einer Latte, die etwas länger ist als die Rahmenbreite. So beseitigt man Lufteinschlüsse.

3 Planieren Sie die Fläche, indem Sie die Latte von einer Seite zur anderen darüber ziehen, füllen Sie verbleibende Löcher mit frischem Beton. Ziehen Sie die Fläche nochmals ab, zum Schluss mit dem Reibebrett.

4 Legen Sie eine wasserdichte Abdeckung (z. B. eine Plastikplane) auf den Beton. Das hält die Feuchtigkeit und trägt zum Festwerden des Betons bei. Nach etwa 10 Tagen entfernen Sie die Plane und den Rahmen.

DER BETONANSTRICH

Beton braucht etwa einen Monat, um auszuhärten. Danach kann er gestrichen werden. Die Innenhofversiegelung, die mit Farbpigmenten versetzt ist *(rechts)*, ist eine zusätzliche Schutzschicht für den Beton. Das Beizen ist eine andere Methode, damit muss man bei frischem Beton 6 Wochen warten. Halbtransparente Holzbeize macht sich gut auf Beton. Betonspezialfarben bieten die größte Farbauswahl, wobei mit wasserlöslicher Latexfarbe die reizvollsten Effekte erzielt werden. Streichen Sie den Beton zwei oder drei Mal.

BETON VERSIEGELN

DEKORATIVE ZUSÄTZE

Zuschlagstoffe werden dem Beton beigemischt, um die Masse zu binden. Wählt man aber eine farblich reizvolle Kiessorte, kann sie freigelegt werden, um den einfachen Beton zu verschönern *(S. 43)*. Unterschiedliche Körnungen stehen zur Auswahl; feinkörniger Kies ergibt eine fein strukturierte Oberfläche, auf der man bequem geht. Wie beim einfachen Beton sollten auch Zuschlagstoffe über einen Schotteruntergrund gelegt werden *(S. 42)*.

FREILIEGENDE KIESELSTEINE (WASCHBETON)

MATERIAL
- Betonmischung
- Kieselsteine (oder andere Zusätze, je nach gewünschter Oberfläche)

WERKZEUG
- Spaten
- Holzbalken
- harte Bürste

DIE OBERFLÄCHEN *Verschiedene Kiesgrößen verleihen der Oberfläche eine fein- oder grobkörnige Struktur. Die Farben heimischer Materialien harmonieren am besten.*

1 Beton und Kieselsteine gründlich mischen und die Masse mit einem Spaten auf eine feste Unterlage auftragen *(S. 42)*. Die Oberfläche mit einem Holzbalken abziehen, jedoch nicht mit dem Reibebrett bearbeiten.

2 Die Oberfläche muss etwa 6 Stunden trocknen. Entfernen Sie eine dünne Schicht Beton mit einer harten Bürste und waschen Sie mit einem feinen Wassernebel nach. Die Kiesel müssen mindestens zu zwei Dritteln eingebettet sein.

3 Lassen Sie den Beton 36–48 Stunden trocknen. Wenn er fest ist, entfernen Sie etwaige Zementreste von den Steinen mit einem Hochdruckwasserstrahl oder einem Reinigungsmittel für Innenhöfe und spülen gut nach.

STRUKTURELEMENTE

Wenn Sie Kiesel- oder Kopfsteine als Strukturelemente verwenden, beachten Sie, dass man auf reliefartigen Oberflächen unbequem geht. Dadurch kann man das Begehen bestimmter Bereiche verhindern. Als Dekoration sollte man die Strukturelemente auf Einlagen oder Randbereiche einer Fläche begrenzen. Kiesel- und Kopfsteine können von Hand in Beton oder Mörtel gesetzt werden. Achten Sie darauf, dass sie fest liegen; sie müssen mindestens zu zwei Dritteln in die Mischung eingebettet sein.

EINLEGEARBEIT MIT KIESELSTEINEN
In Mörtel gebettete Platten bilden eine feste Einfassung. Setzen Sie die Kiesel von Hand in den Mörtel. Drücken Sie die Oberfläche mit einem über die Platten gelegten Brett plan.

DEKORATIVER MÖRTEL
Dicht in Mörtel gesetzte Kiesel ergeben eine dekorative, sicher begehbare Oberfläche für Platten mit breiten Fugen. Entfernen Sie die Ziegel vor dem Verfüllen mit Mörtel.

DAS KIESELMOSAIK

Dekorative und haltbare Muster lassen sich mit einbetonierten Kieseln gestalten. Nach der Vorbereitung des Untergrunds *(S. 36)* legen Sie erst die Ränder. Die restliche Fläche wird optisch in quadratmetergroße Felder geteilt und einzeln fertig gestellt. Nicht die gesamte Fläche in einem Arbeitsvorgang legen – der Beton härtet zu schnell.

MOSAIKARBEIT
Phantasievoll eingesetzt, kann man mit wenigen Farben und einfachen Materialien eine ansprechende Oberfläche erstellen, die auch haltbar ist.

Trittsteine

Nach dem Mischen härtet der Zement weniger durch Trocknen als durch die chemische Reaktion zwischen Kalkstein und Wasser. Daher kann Beton in unterschiedlichen Konsistenzen hergestellt werden, ohne seine Haltbarkeit wesentlich einzubüßen. Mit einem feinkörnigen Zusatz wie Sand wird er zu einer gussfähigen Mischung, die sich, in einfache Formen gegossen, zu stilvollen und robusten Trittsteinen verwandelt. Phantasievoll dekoriert verleihen Sie diesen eine ganz individuelle Note. Hier wurde ein großes geädertes Blatt verwendet, aber auch ein Stück Baumrinde oder Muscheln würden sich eignen.

Die Herstellung von Trittsteinen

MATERIAL
- Brett
- Plastikfolie
- Plastikform
- Öl zum Einfetten
- Große geäderte Blätter
- Sand-Zement-Mischung (3 Teile Sand auf 1 Teil Zement)

WERKZEUG
- Lineal
- Mischeimer

1 **Nehmen Sie** eine etwa 5–7 cm hohe Form (hier der obere Rand eines großen Blumentopfs). Ölen Sie die Innenfläche, und setzen Sie sie auf eine Plastikfolie, die auf einem flachen, ebenen Brett liegt. Legen Sie ein Blatt – die Seite mit den Adern nach oben – hinein. Blätter mit ausgeprägten Adern eignen sich am besten.

2 **Für den Beton** 1 Teil Wasser unter 2 Teile Zement mischen, eventuell Betonfarbe beimengen. Fügen Sie Wasser hinzu, bis eine gussfähige Konsistenz entsteht, füllen Sie die Form.

3 **Entfernen Sie** überschüssigen Beton, indem Sie ein Lineal über die Oberfläche ziehen. Anschließend lassen Sie den Beton fest werden.

4 **Wenn der Beton** fest, trocken und ausgehärtet ist (nach etwa 3 Tagen), heben Sie die Form mit Inhalt von der Plastikfolie hoch und drehen Sie sie um.

5 **Drücken Sie den Rand** der Form leicht nach außen, um beim Herauslösen Druck auf den Stein zu vermeiden. Lassen Sie dann den Stein vorsichtig aus der Form gleiten.

6 **Entfernen Sie das Blatt** behutsam. Kleine Rückstände schleifen sich später von selbst ab; kratzen Sie sie nicht ab, Sie könnten dabei den Abdruck beschädigen.

7 **Der fertige Trittstein** kann jetzt auf Sand und Mörtelbett wie bei gekauften Platten *(S. 27)* verlegt werden. Sie können das Motiv an die jeweilige Lage anpassen.

DIE VERZIERUNG VON BETON

Beton lässt sich mit nahezu allen beständigen Materialien verzieren, aber Sie werden feststellen, dass grob strukturierte Stücke besser haften. Ordnen Sie das Material in einem Muster Ihrer Wahl auf feuchtem Beton an, und drücken Sie jedes Teil mit einem Reibebrett knapp unter die Betonoberfläche. Wenn der Beton hart ist, fegen Sie überschüssigen Beton mit einer harten Bürste fort und reinigen mit aufgesprühtem Wasser nach *(S. 44)*. Die Einlegeobjekte sollten zu zwei Dritteln ihrer Größe eingebettet sein, um nicht herauszubrechen.

FLIESEN-BRUCHSTÜCKE

AUSTERN-SCHALEN

GLASSTÜCKE

PORZELLAN-SCHERBEN

LOSER BELAG

LOSE MATERIALIEN, ob Kies, Steine oder Rindenmulch, sind preisgünstig, einfach zu verarbeiten und ideal für Flächen mit Kurven – lose Materialien füllen auch eigenwillig geformte Nischen gleichmäßig aus. Sie schaffen einen gefälligen, strukturellen Übergang zwischen harter Pflasterung und den weicheren Linien der Pflanzen. Außerdem sind sie eine ökologisch gesunde und arbeitssparende Alternative zu Rasen – Düngen, Gießen und Mähen entfallen.

EINFACHER KIESBELAG

Richtig aufgeschüttet ist Kies ein sehr vielseitiger und praktischer Belag. Er stellt eine natürliche Verbindung zwischen unterschiedlichen Flächen her und erlaubt, Pflanzen als Blickfang zu integrieren; selbst aussäende Pflanzen können sich am Rand in gefälligen Gruppen ausbreiten. Zur leichteren Pflege und für größeren Gehkomfort ist ein fester, ebener und gut verdichteter Untergrund, frei von Mutterboden und Unkraut, unerlässlich.

KIESAUSWAHL

- Kies ist in vielen Größen und Güten erhältlich. Er wird aus groben Felsabsplitterungen oder als aus dem Wasser gebaggerte Kieselsteine gewonnen. Wählen Sie eine Ihrem Zweck entsprechende Größe. Kies unter 6 mm Körnung ergibt eine feine Struktur, wird aber unter den Schuhsohlen leicht ins Haus getragen; ab 12 mm wird es unbequem, darauf zu gehen.
- Mit Kies regionaler Herkunft sparen Sie oft Transportkosten und haben eine Farbpalette, die ohne weiteres mit den in Haus und Gartengebäuden verwendeten Materialien harmoniert.

DER RAND *Loser Kies muss eingefasst werden, insbesondere, wenn er an weiche Flächen wie Rasen grenzt. Wird er auf das Gras getreten, kann er beim Mähen eine Gefahr in Form von umhergeschleuderten Steinen bedeuten und den Rasenmäher beschädigen.*

◄ KIES ALS ÜBERGANG *Kies stellt eine harmonische Verbindung zwischen Pflaster und Pflanzen her.*

MATERIAL
- Feinkörniger Kies als Deckschicht und grobkörniger, unbehandelter Kies zu gleichen Teilen
- Ziegel und Mörtel oder Bretter und kurze Pfähle für die Einfassung

WERKZEUG
- Spaten
- Harke
- Schubkarre
- Plattenrüttler oder schwere Walze

Der Untergrund

1 **Nach der Wahl** des Geländes entfernen Sie das Unkraut (besonders das mehrjährige Unkraut muss man ausrotten) und eine 10 cm dicke Erdschicht. Fassen Sie die Fläche mit in Mörtel gesetzten Ziegelsteinen oder behandeltem Holz ein, um den Kies vom Rasen fern zu halten. Alternativ kann der Kies auch von einem Blumenbeet begrenzt werden.

2 **Harken Sie** den Unterboden, und füllen Sie dann unbehandelten Kies bis fast zur ursprünglichen Bodenhöhe auf. Harken Sie die Oberfläche glatt.

3 **Verdichten Sie** die Schicht mit einem Plattenrüttler, den man mieten kann, oder einer schweren Walze, um Lufteinschlüsse zu beseitigen und so eine stabile Grundlage zu erhalten. Die Schicht muss auf mindestens 2 cm unter die Höhe der ursprünglichen Bodenebene verdichtet werden.

Das Aufschütten der Deckschicht

1 **Füllen Sie** die Deckschicht auf die feste, verdichtete Grundschicht, wobei Sie an einer Seite beginnen.

2 **Harken Sie** die Oberfläche glatt. Sie sollte bis knapp unter die Einfassung reichen, damit der Kies nicht auf den Rasen gelangt. Sie können jetzt einige Pflanzen in die Fläche integrieren, um die Kanten in Beet- und Rabattennähe aufzulockern oder um eine gestalterische Wirkung zu erzielen.

Die Bepflanzung von Kiesflächen

1 **Kratzen Sie den oberen Kies** zur Seite, heben Sie durch die Kiesgrundschicht ein Loch aus, das etwas größer als der Wurzelballen ist.

2 **Füllen Sie das Loch** mit Kompost. Lockern Sie vorsichtig die Wurzeln, und pflanzen Sie das Gewächs nahezu auf einer Höhe mit dem Kies.

3 **Ein Teil der entfernten Erde** wird um den Wurzelballen festgedrückt, der Kies um den Stiel und unter die Blätter verteilt; dann die Pflanze wässern.

Das Unterbodengewebe

Durch Unterbodengewebe lassen sich Kies und andere lose Beläge, wie Rindenspäne, leicht verarbeiten. Hergestellt aus thermisch verbundenem Polypropylen bildet es eine Barriere zwischen Boden und Oberflächenmaterial, die Luft und Wasser durchlässt, aber Unkraut zurückhält. Das Gewebe wird auf den Boden gelegt, bevor der Kies oder die Rindenspäne darauf ausgebreitet werden. Ein leichtes Gewebe ist ideal für den Garten und langlebig.

Verlegen von Unterbodengewebe

1 Entfernen Sie eine 4–5 cm dicke Bodenschicht, ebnen Sie den Bereich, und legen Sie das Gewebe darauf. Die Ränder werden mit kleinen Drahtbügeln fixiert. Grenzt der Kies an einen Rasen, sollten Sie Einfassungsbretter anbringen.

2 Schlitzen Sie das Gewebe kreuzweise so groß ein, dass der Wurzelballen Platz hat. Heben Sie ein Pflanzloch aus, und breiten Sie die Wurzeln der Pflanze darin aus. Mit Erde hinterfüllen, andrücken, wässern und Gewebe darüber legen.

3 Verteilen Sie den Kies oder die Rindenspäne von einer Seite aus über die Fläche, und achten Sie darauf, die Pflanzen nicht zu beschädigen. Eine 2–3 cm dicke Schicht reicht meistens aus. Planieren Sie mit der Harkenrückseite.

Wie das Unterbodengewebe funktioniert

Das Gewebe verlängert die Haltbarkeit von Kies, Rindenspänen oder anderen losen Materialien, da es verhindert, dass Splitter davon in den Boden oder Untergrund eingedrückt werden. Ohne Licht wird die Keimbildung von Unkrautsamen verringert; weil das Gewebe aber luft- und wasserdurchlässig ist, wird dem Boden weder Sauerstoff noch Feuchtigkeit vorenthalten, wie das bei schwarzer Plastikfolie der Fall ist. Dadurch sammelt sich auch kein Wasser auf der Oberfläche an. Düngemittel werden zu den Wurzeln geschwemmt. Darüber hinaus hat das Unterbodengewebe den Vorteil, die Pflanzenwurzeln im Sommer kühl und im Winter nahezu frostfrei zu halten.

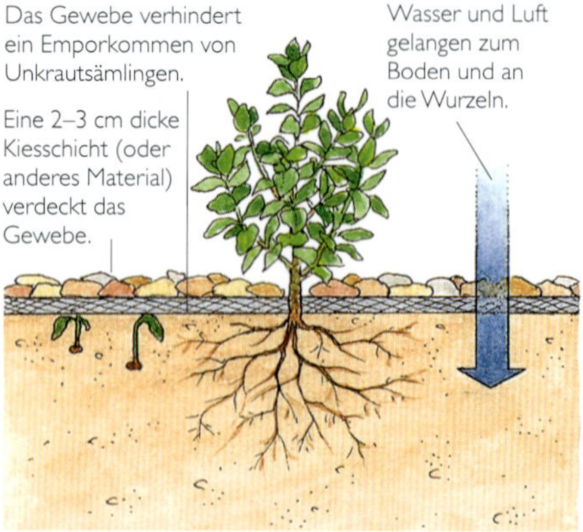

PFLANZEN FÜR KIESFLÄCHEN

Kies lässt eine gute Versickerung zu und reflektiert Licht und Wärme. Wählen Sie also Pflanzen, die diese Bedingungen mögen. Trockenheitsresistente, wie silberblättrige Pflanzen aus dem Mittelmeerraum, sind ideal. Der Kies bietet auch robusten Gebirgspflanzen optimale Lebensbedingungen. Wie alle trockenheitsliebenden Pflanzen brauchen sie Schutz vor Nässe im Winter.

IDEALE PFLANZEN
Pflanzen mit silbrigen Blättern, wie diese Gruppe Königskerzen (Verbascum), *gedeihen gut in Kies; ihr Blattwerk kommt hier am besten zur Geltung – frei von Erdkrümeln und Regenspritzern. Die Konturen von spitzblättrigen, strukturierenden Pflanzen heben sich prächtig ab. Sich selbst aussäende Pflanzen wie Fenchel* (Foeniculum) *unterstreichen die naturnahe Gestaltung; ziehen Sie schonungslos alle unerwünschten Sämlinge aus oder schneiden Sie die Dolden ab, bevor sich der Samen ausstreut.*

PFLANZEN FÜR KIESBELAG

NATURNAHE GESTALTUNG

Anthemis tinctoria
Centranthus ruber (Baldrian)
Dictamnus albus
Dryas octopetala, D. drummondii
Foeniculum vulgare ›Purpureum‹ (bronzeblättriger Fenchel)
Hyssopus officinalis (Ysop)
Lavandula (Lavendel), viele Arten
Lychnis coronaria
Origanum laevigatum
O. vulgare
Salvia officinalis (Salbei)

STRUKTURIERENDE WIRKUNG

Acanthus spinosus
Agapanthus ›Blue Giant‹
Allium, viele Arten
Cynara cardunculus (Kardonenartischocke)
Echium pininana
Eremurus robustus
Eryngium, viele Arten
Euphorbia characias und ssp. *wulfenii*
Phormium, viele Arten
Verbascum bombyciferum
V. ›Cotswold Queen‹, *V. olympicum*
Yucca flaccida, Y. gloriosa

Wege auf losem Belag

Es ist gewöhnlich von Nutzen, Pfade aus festerem, robusterem Material in Kies- oder Rindenspanflächen einzubetten. Trittsteine aus Holz, Beton *(S. 46)* und Stein oder Eisenbahnschwellen *(rechte Seite)* sehen dekorativ aus und verhindern, dass der Belag verstreut oder festgetreten wird. Auf feuchtem, schattigem Waldland dauert es bei einem Pfad wie diesem viel länger, bis die Holz- oder Rindenstücke auf natürliche Weise vom Boden aufgenommen werden.

Trittsteine

Eine sanft geschwungene Linie aus Trittsteinen ist nicht nur eine unwiderstehliche Einladung, den Pfad zu erkunden, sondern bietet auch die Möglichkeit, Muster zu kreieren. Beim Einlegen von Trittsteinen in einen losen Belag erzielt man mit verwandten Materialien die ansprechendsten Ergebnisse. Baumscheiben oder Natursteine sind ideal für einen Waldlandboden aus Rindenspänen oder eine Kiesfläche. Größere Elemente wie Eisenbahnschwellen eignen sich gut für häufig frequentierte Wege, die beispielsweise zwei getrennte, aber oft benutzte Bereiche des Gartens miteinander verbinden.

Sichere Wege

- Legen Sie kleine Trittsteine auf einen festen Untergrund, und betten Sie sie in Mörtel, um sie zu verankern und zu verhindern, dass sich Kies darunter setzt und die Trittsteine hebt.
- Sorgen Sie dafür, dass die Trittsteine oder Eisenbahnschwellen möglichst eben in dem losen Belag liegen, um Stolpern zu verhindern.
- Behandeln Sie Holz vor dem Einlegen mit Holzschutzmittel.
- Sorgen Sie für eine rutschfeste Oberfläche der Trittsteine; Holzoberflächen können mit Drahtgeflecht sicher gemacht werden *(S. 69)*.

EINE GUT SICHTBARE STRECKE
Helle Trittsteine heben sich gut von dunklen Rindenspänen ab, wodurch das Stolperrisiko an den Steinkanten verringert wird.

HARMONISCHE STRUKTUR
Baumscheiben bilden einen harmonischen Pfad auf einem Laubboden in einem schattigen Waldlandgarten.

Ein Weg aus Eisenbahnschwellen

1 **Heben Sie Erde aus,** um ein festes, ebenes Fundament vorzubereiten. Der Aushub muss etwas tiefer als die Eisenbahnschwellen sein, um sie auf eine Sandschicht betten zu können.

2 **Betten Sie die Eisenbahnschwellen** in den Sand. Drücken Sie sie fest ein, so dass sie eben und auf einer Höhe mit den umgebenden Flächen liegen. Heben Sie sie vorsichtig an.

3 **Wenn Sie die Schwellen** platziert haben, füllen Sie die Lücken mit der ausgehobenen Erde auf. Treten Sie sie gut fest; bei trockenem Wetter sollten Sie sie vorher anfeuchten.

4 **Decken Sie die festgestampfte Erde** mit Kies ab. Drücken Sie ihn mit einer Walze zwischen den Schwellen fest. Die fertige Fläche sollte plan auf der Höhe der Schwellen sein.

5 **Die fertige Fläche** ist nicht nur haltbar, praktisch und leicht zu pflegen, sondern fügt sich auch harmonisch in die Umgebung ein. Eisenbahnschwellen eignen sich hervorragend für breite, geschwungene Wege; die Wiederholung der strengen horizontalen Linien definiert den Verlauf und lenkt den Blick nach vorne.

HOLZPLATTFORMEN

HOLZ IST EINES DER WÄRMSTEN UND NATÜRLICHSTEN MATERIALIEN. Obwohl es schon lange im Haus eingesetzt wird, gehört die Holzplattform zu den modernsten Elementen der Gartengestaltung. Unendlich vielseitig kann man sie einsetzen und nach eigenem Geschmack beizen oder streichen. Außerdem ist Holz ebenso in einem Küstengarten wie in eleganten städtischen Innenhöfen oder auch in wilden, natürlich-ländlichen Gärten heimisch.

EINE EINFACHE HOLZPLATTFORM

Der Bau einer Holzplattform, wie unten und umseitig abgebildet, gelingt auch dem Laien. Das Fundament besteht aus Betonsteinen, und die Bretter müssen nicht verzapft werden. Diese Konstruktion eignet sich für einen kleinen Innenhof oder leicht erhöhten Holzsteg *(S. 63)*. Mit tiefer eingelassenen, stabileren Tragbalken kann man auch höhere Plattformen bauen.

HOLZ IM AUSSENBEREICH

- Verwenden Sie nur druckimprägniertes Holz, es hält länger. Bei den meisten Verfahren verfärbt sich das Holz grünlich. Wenn Sie es beizen wollen, ist dies nicht von Bedeutung, aber wenn Sie natürliches Holz bevorzugen, sollten Sie Holz auswählen, das mit farblosen Holzschutzmitteln behandelt wurde.
- Tropische Harthölzer wie afrikanisches Teakholz verbinden Schönheit mit Haltbarkeit. Sie sind zwar sehr teuer, halten aber ein Leben lang. Vergewissern Sie sich, dass sie nicht aus geschützten Waldbeständen stammen.

PLANUNG UND BAU
Diese 2,5 m² große Plattform ist so gebaut, dass Größe und Form leicht anzupassen sind (S. 58). Kleine Fugen zwischen den Brettern lassen dem Holz Spielraum, sich bei Nässe auszudehnen.

◀ VERSETZTE PLATTFORMEN *Holzplattformen »treiben« durch einen bepflanzten Bereich.*

Die Vorbereitung des Standorts

MATERIAL
- 16 Bretter, 250 × 15 × 2,5 cm
- 4 Tragbalken, 250 × 10 × 10 cm
- 4 Flankenbretter, je 2: 250 × 10 × 2 cm und 254 × 10 × 2 cm
- 100 kg Sand
- 12 Betonsteine
- 16 Metallwinkel, 5 cm
- 5 cm lange Nägel, Schrauben
- Ralldübel

WERKZEUG
- Spaten
- Wasserwaage
- Winkelmaß
- Vorschlaghammer
- Bohrmaschine

1 **Messen Sie die Plattformfläche aus,** indem Sie 4 Bretter im Quadrat auslegen. Kontrollieren Sie die rechtwinkligen Ecken mit einem Winkelmaß. Die markierte Fläche ist an jeder Seite 15 cm größer als die geplante quadratische Plattform von 2,5 m Seitenlänge; den Platz braucht man zum Ausheben der flachen Gräben für das Fundament.

2 **Markieren Sie** die Ränder der Arbeitsfläche, indem Sie das Spatenblatt entlang der Bretteraußenkante ziehen. Achten Sie darauf, die Bretter nicht zu verschieben, bevor Sie mit dem Markieren fertig sind. Legen Sie 3 dieser Bretter vorerst beiseite.

3 **Legen Sie** die Tragbalken im gleichen Abstand parallel in das Quadrat. Ein 2,5 m langes, auf die Balken gelegtes Brett stellt sicher, dass der erste und der letzte Balken bündig mit dem Brettende abschließen. Markieren Sie für die Aushubfläche einen 15 cm breiten Rand um jeden Balken.

DER UNTERGRUND FÜR DIE PLATTFORM

1 **Heben Sie die Erde** aus den markierten Flächen 4 cm tiefer als die Höhe der Betonsteine aus. Füllen Sie eine Schicht Sand ein und treten Sie sie fest und eben, so dass ein 5 cm tiefes Bett entsteht.

2 **Verlegen Sie die Betonblöcke:** 3 in jede der 4 Reihen, 2 an den Enden und einen in die Mitte. Die Blöcke sollten 1 cm aus dem Boden herausragen, so dass die Balken nicht mit der Erde in Berührung kommen.

3 **Kontrollieren Sie** mit Brett und Wasserwaage, ob die Steine zueinander auf einer Höhe liegen. Korrigieren Sie eventuell einzelne Steine: Heben Sie den Stein an und unterfüllen Sie ihn mit mehr Sand oder klopfen Sie ihn sanft mit dem Hammergriff ein. Dann erneut die Höhe prüfen.

4 **Füllen Sie** den Graben um die Blöcke mit Sand auf, und treten Sie ihn fest. Wenn das Sandbett nicht verdichtet wird, setzt es sich von selbst und die Steine verschieben sich. Dadurch verzieht sich die Plattform. Der Sand soll bündig mit der Bodenoberfläche abschließen.

Die Plattform

1 **Legen Sie** die Tragbalken mittig auf die Betonblöcke. Prüfen Sie mit einem der Bretter erneut, ob der erste und letzte Balken genau 2,5 m auseinander liegen. Die Balkenenden sollten ebenfalls auf je einer Linie liegen.

2 **Sichern Sie die Balken** mit Metallwinkeln auf beiden Seiten jedes Balkenendes. Platzieren Sie jeden Winkel, und markieren Sie die Schraubenlöcher: eins auf dem Balken und eins auf dem Betonstein.

3 **Bohren Sie die Schraubenlöcher** 5 cm tief mit einem Steinbohrer für den Beton und mit einem Holzbohrer für den Balken. Setzen Sie Ralldübel in die Betonlöcher. Jeder Balken wird mit 4 Winkeln festgeschraubt.

4 **Legen Sie** das erste Brett über alle 4 Balken, so dass die Kante bündig mit den Balkenenden abschließt. Bohren Sie 2 Schraubenlöcher je Balken bis 5 mm in den Balken darunter. Schrauben Sie dann das Brett an. Verwenden Sie einen Schraubendreheraufsatz auf der Bohrmaschine, und versenken Sie die Schrauben im Holz.

5 Legen Sie alle Bretter mit einer Fuge von 5–7 mm auf die Balken. Das letzte Brett sollte bündig mit den Balkenenden abschließen. Überprüfen Sie den Abstand zwischen den Brettern, und schrauben Sie sie dann wie das erste Brett fest *(siehe Schritt 4)*. Auf Grund der Fugen zwischen den Brettern kann sich das Holz bei Feuchtigkeit ausdehnen.

6 Befestigen Sie die Flankenbretter entlang den Balkenseiten mit je 4 Nägeln. Nageln Sie 2 Flankenbretter à 2,5 m an die Balkenenden und 2 Bretter à 2,54 m an die Balkenlängsseiten, so dass sich die beiden ersten Bretter sauber an den Ecken überlappen. Versäubern Sie gegebenenfalls die Ecken.

Plattformen auf unterschiedlichen Ebenen

Das Verlegen von Plattformen auf verschiedenen Ebenen ist eine der einfachsten Methoden, einen interessanten Höhenwechsel in einen flachen Garten zu bringen. Das Aufschrauben einer zweiten Plattform auf die erste ist die einfachste Bauweise. Dabei legen Sie die Balken rechtwinklig zu den für die erste Plattform verwendeten; das verleiht ihnen besondere Festigkeit. Die gegenläufige Verlegerichtung der parallelen Bretter hat das gewisse Etwas; sie hebt den Höhenunterschied hervor. Diagonal verlegte Bretter sind besonders reizvoll.

NEUE PERSPEKTIVEN
Eine zweite Plattform bietet eine erhöhte Sicht über den Garten. Mit diagonal verlegten Brettern kommt Bewegung in die Gestaltung.

Der Holzanstrich

Die Palette an Holzanstrichprodukten ist so umfangreich, dass Sie mit Ihrem Händler das richtige Produkt für die vorgesehene Arbeit auswählen sollten. Druckimprägniertes Holz braucht nur gelegentlich behandelt zu werden, zur Dekoration oder zur Vorbeugung gegen abstumpfende Witterungseinflüsse.

Der Farbanstrich

Holz kann man mit Farbe oder mit Beize streichen. Außenanstriche sind deckend und haben eine »Mikroporenqualität«, die dem Holz erlaubt zu atmen und Abblättern und Risse verhindert. Beize ist durchscheinend und dunkelt und/oder färbt das Holz. Sie dringt in die Oberfläche ein, die Holzstruktur bleibt sichtbar. Produkte für den Außenbereich enthalten häufig schon Schutzmittel. Alle Oberflächen müssen vor der Behandlung sauber, trocken und staubfrei sein. Vor dem Streichen muss das Holz grundiert und vorlackiert werden. Tragen Sie Farbe oder Beize in Richtung der Maserung auf.

NATÜRLICHE FARBTÖNE
Holzschutzmittel mit Beize kombiniert gibt es in natürlichen Holzfarbtönen.

SCHÖNE FARBEN
Es gibt viele Wasser-, Öl- oder Lösungsmittelfarben für Holz. Ölfarbe lässt sich am einfachsten verarbeiten, weil sie langsam trocknet. Bei Wasserfarbe kann die Farbintensität durch Zugabe von Pigmenten verstärkt werden.

Bretterplattformen mit Struktur

Fertige Bretterplattformen, auch Holzfliesen oder Decks genannt, sind – zum Teil auch mit rutschfester Oberfläche – in vielfältigen Mustern erhältlich. Nehmen Sie z. B. ein Schachbrettmuster oder kreieren Sie Ihr eigenes aus Plattformen mit paralleler Anordnung. Bei Fertigprodukten müssen Maße und Abstand der Tragbalken stimmen, damit die Decks gut abgestützt werden.

DIE BEFESTIGUNG
Messingschrauben und -halterungen sind die besten, dicht gefolgt von verzinkten. Da sie nicht rosten, verunzieren sie auch nicht das Holz und können bei Reparaturen entfernt werden.

SCHACHBRETT

FISCHGRÄTEN

PARALLEL

RECHTWINKLIG

VERSETZT

Stege und Brücken

Schmale Holzplattformen eignen sich für Bretterstege und einfache Brücken. Ein Steg braucht kein Fundament; die Plattformen werden auf Bodenebene gelegt und mit kurzen Zaunpfählen im Abstand von 1–1,2 m auf jeder Seite fixiert. Für eine Brücke ist ein Fundament erforderlich; aus Sicherheitsgründen sollte sie mindestens 60 cm breit sein und eine Spannweite von höchstens 2,5 m haben. Schneiden Sie die Tragbalken und Bretter zu, bevor Sie das Fundament legen.

DER RUTSCHFESTE STEG
Holz wird bei Nässe rutschig. Dagegen hilft ein feines Drahtnetz, das man fest auf die Bretterfläche nagelt. Schrubben Sie das Holz regelmäßig, um es moos- und algenfrei zu halten.

Der Bau einer Brücke

MATERIAL
- 8 grobe Holzbalken
- 100 kg Beton
- 2 Tragbalken
- 4 Winkel à 12 cm, 8 Schrauben à 5 cm und Muttern
- Querbretter
- 5 cm lange M8-Schrauben

WERKZEUG
- Spaten, Richtlatte, Wasserwaage, Schraubenzieher, Bohrmaschine

1 **Graben Sie** für das Fundament der Brückenenden 2 Löcher, die 20–30 cm länger als die Brücke, 20 cm breit und 10 cm tief sind. Nehmen Sie die groben Balken und Ziegel für die Schalungen. Füllen Sie sie mit Beton und prüfen Sie mit der Wasserwaage, ob sie eben liegen.

2 **Setzen Sie die Tragbalken** seitlich 10–15 cm von den Kanten entfernt auf die Blöcke. Markieren Sie die Stellen für die Winkelschrauben. Betten Sie die Schrauben so in den Beton, dass 2,5 cm herausragen.

3 **Winkel festschrauben,** sobald der Beton trocken ist. Einschalung entfernen und Tragbalken an die Winkel schrauben. Eine Ausfütterung unter der Brücke befestigen und die Bretter quer auf die Tragbalken schrauben.

DIE WICHTIGSTEN GRUNDLAGEN

MATERIALWAHL

FÜR DIE MEISTEN GÄRTNER ist die umfangreiche Auswahl an Baumaterial schier überwältigend. Wie wählt man das richtige Material für den jeweiligen Zweck, und wie veranschlagt man die Mengen? In den letzten Jahren haben sich die Baustoffhändler und Heimwerkermärkte sehr um ihre Kunden bemüht und stehen gern für eine Fachberatung zur Verfügung. Es ist jedoch sehr hilfreich, wenn Sie mit den üblichen Materialien und Fachbegriffen vertraut sind.

PFLASTERUNGEN UND BEFESTIGTE FLÄCHEN

Neben den Kosten ist der Verwendungszweck einer Fläche als Erstes zu überlegen. Je größer die Beanspruchung, desto tragfähiger muss der Untergrund und dauerhafter die Oberfläche sein. Für die meisten Gartenflächen reicht ein fester Unterboden oder eine 10 cm dicke Schotterschicht mit einer 5 cm dicken Sandschicht aus. Flächen, die befahren werden, benötigen eine 10 cm dicke, verdichtete Schotterschicht mit einer weiteren 10 cm dicken Betonschicht als Untergrund. Lassen Sie sich immer beraten.

VERLEGEEINHEITEN

Platten: gegossener oder gepresster Beton, Steine in zahlreichen Farben und Strukturen; 450 × 450 mm oder 450 × 600 mm sind die gängigsten Größen.

Tonsteine: kleine, haltbare Einheiten zum Verlegen auf Sand, sehr vielseitig.

Ziegel: große Auswahl, aber von unterschiedlicher Haltbarkeit; müssen frostbeständig und rutschfest sein.

Würfel: oft aus Granit, sehr haltbar; gibt es als 75 mm oder 100 mm Würfel oder 225 × 100 mm Blöcke.

Terrakotta-Fliesen: schön, aber porös und brechen leicht bei hartem Frost.

OBERFLÄCHEN-MATERIAL
Das Oberflächenmaterial sollte wetterfest sein, ausreichend haltbar für Ihren Zweck und eine rutschfeste Lauffläche aufweisen.

TERRAKOTTA-FLIESEN

KLEINPFLASTER-PLATTEN

GRANITWÜRFEL

Loses Material

Lose Materialien werden als dekorative Oberfläche und als Zusatz in Zementmischungen verwendet; Sorte und Kosten bestimmen die Verwendung. Die größeren und attraktiveren sind meist auch die teuersten. Für die Dekoration ist die Größe entscheidend, sie bestimmt die Struktur. Verwenden Sie Splitt, Perlkies oder einkörnigen Kies für Wege. Kopfsteine sind dekorativ und verhindern den freien Durchgang.

KOPFSTEINE UND KIESEL

KIES

LOSE MATERIALIEN

Zuschlagstoff: zerkleinerte Steine oder Kies; werden zur Betonherstellung verwendet. 20-mm-Zuschlag eignet sich für die meisten Betonierarbeiten, größere Sorten lassen sich nur schwer mit Handwerkzeugen untermengen.

Grobkies: mit Sand gemischter Zuschlagstoff; wird in Betonmischungen verwendet.

Schotter: Steinschlag, häufig aus Ziegelbruch; wird als Untergrund verwendet.

Kies: stammt von Felsabsplitterungen, z. B. Kalkstein, oder von wassergeschliffenem, ausgebaggertem Material; in vielen Größen erhältlich, die kleinen bilden eine feine Struktur, etwa 12 mm sind die maximale Größe für ein bequemes Begehen.

Kopf- und Kieselsteine: abgerundete, wassergeschliffene Steine, ausgebaggert oder von der Küste. Teuer, aber sehr dekorativ. Größen von 50–75 mm bis 175–250 mm.

Beton und Mörtel

Beton und Mörtel sind in unterschiedlichen Mischungen für verschiedene Zwecke gut. Bettungsmörtel besteht aus 1 Teil Zement und 5 Teilen Sand; Maurermörtel aus 1 Teil Maurerzement und 3 Teilen weichem Sand. Der Beton für Fundamente von Mauern und gegossenen Platten setzt sich aus 1 Teil Zement, 2½ Teilen weichem Sand und bis zu 3½ Teilen 20-mm-Zuschlag zusammen; Gießbeton aus 1 Teil Zement, 1½ Teilen Sand und bis zu 2½ Teilen 20-mm-Zuschlag.

WEICHER SAND

ZEMENTPULVER

TROCKENMÖRTEL

FEUCHTMÖRTEL

NÜTZLICHE BEGRIFFE

Zement: graues, kalksteinhaltiges Pulver, das mit Wasser gemischt zum Bindemittel für Beton und Mörtel wird.

Beton: stark härtende Mischung aus grobem Zuschlagstoff, Sand, Zement und Wasser.

Mörtel: Mischung aus Zement, Sand und Wasser als Bindemittel beim Mauern von Ziegeln, Steinen oder Betonplatten. Bettungsmörtel wird mit scharfem statt mit weichem Sand hergestellt. Trockenmörtel ist eine zähflüssige Mischung mit wenig Wasser zum Verfugen von Pflasterungen. Maurermörtel wird aus weichem Sand und Maurerzement hergestellt und für Ziegelmauern verwendet.

Sand: Weicher oder Maurersand ist feinkörnig und salzfrei und wird für Mörtelmischungen verwendet. Scharfer Sand ist grobkörniger und eignet sich vorwiegend für Betonarbeiten.

Bestellung und Mengenberechnung

Prüfen Sie bei der Materialbestellung die Transport- und Lieferbedingungen und erkundigen Sie sich, ob Sie ungeöffnete Packungen zurückgeben können. Denken Sie bei Abbruchmaterial daran, dass es eher etwas Einmaliges ist und nur begrenzt, wenn überhaupt, nachgekauft werden kann. In diesem Fall müssen Sie eine sorgfältige Schätzung Ihres Bedarfs vornehmen, um sicherzustellen, dass das Material ausreicht.

Mengenberechnung

Gute Händler beraten ihre Kunden gern bezüglich der Mengen, vorausgesetzt, Sie geben Ihnen die Maße Ihres Vorhabens genau an. Der Materialbedarf für regelmäßige Flächen berechnet sich einfach, indem man Länge, Breite und Tiefe multipliziert. Unregelmäßige Flächen zeichnen Sie am besten auf Millimeterpapier, wobei ein Kästchen einen Quadratmeter darstellen sollte. Zählen Sie alle vollständigen und die mehr als ⅓ vollständigen Kästchen zusammen; multipliziert mit der Tiefe erhalten Sie die Gesamtmenge.

MENGENSCHÄTZUNG
Dieser 25-kg-Beutel Sand ergibt, auf eine Höhe von 5 cm ausgebreitet, eine überraschend kleine Fläche: 75 × 75 cm. Für den Ungeübten kann es schwierig sein, die Mengen einzuschätzen; zögern Sie also nicht, sich von Ihrem Fachhändler beraten zu lassen.

Lieferung und Lagerung

Die meisten sperrigen Baumaterialien werden vom Händler bis vor die Haustür geliefert. Falls möglich, sollten Sie die Anlieferung direkt zur Baustelle vereinbaren, damit Sie sich den schweren Transport ersparen. Sie sollten auch im Voraus an die Lagerung des Materials denken, da der Umfang beträchtlich sein kann. Wenn Sie große Betonflächen anlegen wollen, beschleunigen Sie und erleichtern Sie sich die Arbeit mit fertig angeliefertem Beton, solange die Zufahrt für große Lastwagen möglich ist. Der Lieferant berechnet die benötigte Menge nach Ihren Angaben zu Maßen und Beanspruchung, aber die Baustelle muss für die Anlieferung gut vorbereitet sein.

Wichtige Überlegungen

- Baustoffe haben häufig ein großes Volumen. Überlegen Sie deshalb, wo Sie sie bis zum Gebrauch sicher lagern können. Einige Stoffe wie Zement müssen trocken lagern, brauchen also eine Überdachung oder Folienabdeckung.
- Der Transport von Baustoffen ist Schwerarbeit, versuchen Sie deshalb, Helfer anzuheuern. Dieser Faktor und die Vorbereitung sind entscheidend, wenn man Fertigbeton anliefern lässt, der sofort verarbeitet werden muss, bevor er härtet.
- Im Idealfall werden die Materialien direkt vor Ort geliefert, wenn Sie aber z. B. am Hang wohnen, ist das nicht immer möglich. Müssen Sie das Material durchs Haus tragen, sollten Sie Wände und Böden entsprechend schützen.

Werkzeuge

Wenn man die richtigen Werkzeuge hat, geht alles viel leichter. Einige einfache Hilfsmittel, wie ein Winkelmaß und ein Reibebrett, kann man selbst bauen und andere, wie eine Glättbohle (zum Abziehen, um ebene Oberflächen zu erhalten), wirkungsvoll durch eine Holzlatte ersetzen. Bei kleineren Gegenständen wie Maurerkellen, wo Qualität und Haltbarkeit weniger ins Gewicht fallen als bei professionellem Einsatz, können Sie das günstigste Angebot kaufen.

Investition in Werkzeuge

Bei einigen Arbeiten sind qualitativ hochwertige Werkzeuge für das Ergebnis entscheidend. Das gilt besonders für Messwerkzeuge wie Maßbänder und Wasserwaagen. Deshalb lohnt es sich, das Beste zu kaufen, was Sie sich leisten können. Mit der richtigen Pflege halten die Werkzeuge ein Leben lang, und Sie können sie immer wieder einsetzen. Gut gepflegte Werkzeuge funktionieren entsprechend. Die Pflege ist vor allem bei Arbeiten mit Beton und Mörtel sehr wichtig, weil dieses Material hart wird, wenn die Werkzeuge nicht sofort nach dem Gebrauch gereinigt werden. Metallteile und -oberflächen sollte man mit einem öligen Lappen abwischen und trocken aufbewahren.

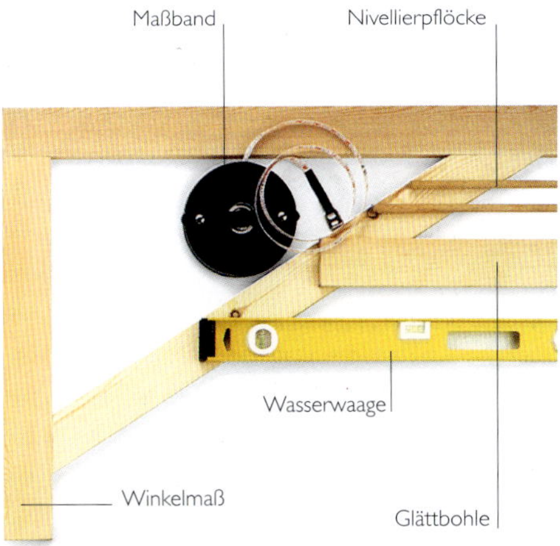

Miete von Spezialausrüstung

Die schwere Arbeit, Beton von Hand zu mischen und Untergrund zu verdichten, kann nur von trainierten und kräftigen Leuten bewältigt werden, aber Vermieter von Spezialgeräten bieten eine große Auswahl an Maschinen an, die diese Arbeit erleichtern. Die nützlichsten Gerätschaften sind Stein- oder Plattenschneider, Zementmischer und Plattenrüttler. Ein guter Händler vermietet Ihnen ein geeignetes Gerät für halbe oder ganze Tage. Wichtig ist, sich die sichere Handhabung zeigen zu lassen. Häufig sind auch Bedienungsanleitungen und Sicherheitsvorkehrungen dazu erhältlich. Die notwendige Schutzausrüstung, wie Schutzbrillen und Gehörschutz, können Sie meist beim gleichen Händler ausleihen.

PLATTENRÜTTLER
Ein mechanischer Verdichter verkürzt die Arbeit für die Vorbereitung des Untergrunds und das Verlegen von flexiblen Steinen.

Wartung und Sicherheit

Statistisch machen die Unfälle bei der Gartenarbeit einen beträchtlichen Anteil der Haushaltsunfälle aus, und das Potenzial für ernste Verletzungen nimmt noch zu, wenn schweres Gerät im Spiel ist. Treffen Sie alle Vorsichtsmaßnahmen und prüfen Sie, ob die elektrischen Geräte in gutem Zustand sind. Wenn Sie ungeübt in der Handhabung eines Werkzeugs sind, lassen Sie sich beraten.

Schützen Sie sich selbst

Robuste Handschuhe sind beim Umgang mit Mörtel und Beton wichtig, weil der Kalkgehalt die Haut verätzen kann. Tragen Sie immer eine Schutzbrille, wenn Sie mit losem Material arbeiten, und Gehörschutz bei der Benutzung von Rüttlern und Zementmischern. Tragen Sie eng anliegende Kleidung, wenn Sie mit einer Maschine mit beweglichen Teilen arbeiten, und halten Sie Kopf, Gliedmaßen und Schaufel außerhalb der Gefahrenzone beim Beladen eines Zementmischers. Selbst Profis benutzen Kniebänke oder gepolsterte, wasserdichte Knieschoner, um sich die Arbeit am Boden zu erleichtern.

HANDSCHUHE

KNIEBANK/ KNIEPOLSTER

GEHÖRSCHUTZ

SCHUTZBRILLE

RICHTIGES HEBEN
Heben Sie nie aus der Hüfte heraus mit vorgebeugtem Rücken, sondern mit der Kraft Ihrer Beine, und tragen Sie schwere Gegenstände eng am Körper. Überschätzen Sie nicht Ihre Fähigkeiten – denken Sie daran: geteilte Last ist halbe Last.

FALSCHE HEBESTELLUNG

RICHTIGE HEBESTELLUNG

ELEKTRISCHE WERKZEUGE

- Der sichere Umgang hängt von der Beachtung einiger einfacher Regeln ab. Eine der wichtigsten ist der Einsatz einer Fehlerstrom-Schutzeinrichtung oder eines FI-Schalters. Befestigen Sie einen FI-Stecker, oder benutzen Sie einen FI-Adapter zwischen Stecker und Steckdose.
- Betreiben Sie kein Elektrowerkzeug bei Regen oder kurz danach, es könnte Störungen geben.
- Unterbrechen Sie immer die Stromversorgung, bevor Sie das Werkzeug justieren, reinigen oder überprüfen. Berühren Sie nie ein beschädigtes Kabel, ohne den Stecker aus der Dose zu ziehen.
- Verwenden Sie gerade ausreichende Zuleitungen; schleifende Kabel sind gefährlich. Verlängerungskabel sollten die gleiche Anzahl Adern wie das Werkzeug haben und geerdet sein.

Sichere Oberflächen

Außer den Kiesflächen neigen befestigte Flächen, die dem Regenwetter ausgesetzt sind – besonders an schattigen oder wenig frequentierten Bereichen – leicht zu glitschigem Algen-, Flechten- oder Moosbewuchs. Mit einer harten Bürste, scharfem Sand und Wasser als Scheuermittel oder mit guten Reinigern für den Außenbereich lässt er sich entfernen. Holzflächen müssen regelmäßig gepflegt werden. Kontrollieren Sie sie ein Mal im Jahr auf Risse, und ersetzen Sie beschädigtes Holz. In feuchtem Klima ist Pilzbefall der Flächen unvermeidlich; sie können mit einer harten Bürste und einem milden Haushaltsreiniger oder speziellen Produkten gegen Pilzbefall abgewaschen werden. Kleine Flächen wie Trittsteine reinigen Sie mit der Drahtbürste. Vergewissern Sie sich bei chemischen Reinigern, dass sie den Pflanzen nicht schaden, oder treffen Sie Schutzvorkehrungen. Das gilt besonders für Flächen in Wassernähe; Flora und Fauna von Teichen reagieren äußerst empfindlich auf Chemikalien.

BESSERE HAFTUNG
In feuchten Bereichen schafft ein Drahtnetz eine rutschfeste Oberfläche. Sie verwittert bald so stark, daß sie vollkommen unauffällig ist.

RUTSCHFESTES HOLZ

- Nageln Sie ein Drahtgeflecht fest auf eine Holzplattform oder Trittsteine, um eine unauffällige, rutschfeste Oberfläche zu erhalten.
- Behandeln Sie das Holz regelmäßig mit der Drahtbürste, um Flechten zu bekämpfen.
- Wenn Sie chemische Reinigungsmittel verwenden, vergewissern Sie sich, dass sie den nahe stehenden Pflanzen nicht schaden.

Unkrautvernichtung

Unkraut auf gepflasterten Flächen kann man jäten, abflammen oder mit chemischen Herbiziden beseitigen. Herbizide können auf großen Flächen mit Drucksprühern verteilt werden, bei kleineren Flächen ist eine Gießkanne mit Gießbalken sehr praktisch. In der Nähe von Zierpflanzen sollte man Unkrautvernichter punktuell einsetzen.

UNKRAUT IM KIES
Verwenden Sie flüssigen Unkrautvernichter für große Flächen. Benutzen Sie eine gekennzeichnete Gießkanne nur zu diesem Zweck.

STELLENWEISE ANWENDUNG
Punktuelle Vernichtung ist bei nahe stehenden Zierpflanzen angebracht. Tragen Sie den Unkrautvertilger mit einem Pinsel auf.

REGISTER

Kursive Seitenzahlen verweisen auf zusätzliche Abbildungen.

A

B

C–D

E

F–G

H

I–J

K

DANK

Redaktionelle Beiträge
Linden Hawthorne, Geoff Stebbings

Bildrecherche Anna Grapes

Spezialfotografie Peter Anderson

Abbildungen Karen Cochrane

Register Ella Skene

Dorling Kindersley dankt folgenden Personen: allen Mitarbeitern der RHS, insbesondere Susanne Mitchell, Barbara Haynes und Karen Wilson vom Vincent Square; Annelise Evans, Candida Frith-Macdonald, Phil Hunt und Lesley Malkin für ihre redaktionelle Unterstützung.

The Royal Horticultural Society
Wenn Sie mehr über die Arbeit der Society erfahren möchten, besuchen Sie uns im Internet unter **www.rhs.org.uk**. Dort finden Sie Informationen in englischer Sprache über Veranstaltungen, eine Datenbank über Gartenbau, internationale Pflanzenverzeichnisse, die Ergebnisse von Pflanzenversuchen und Einzelheiten zur Mitgliedschaft.

Fotonachweis
Der Verlag bedankt sich bei folgenden Personen und Institutionen für die freundliche Reproduktionsgenehmigung: (Schlüssel: o=oben, m=Mitte, u=unten, l=links, r=rechts, Uv=Umschlag vorne, Uh=Umschlag hinten)

DIY Photo Library: 67mr
Garden Picture Library: 9ol, 13or; Brian Carter 9mru, 21mru, 28ol; Christi Carter 21or; David Askham 22ur; Gary Rogers 22or, 40; Howard Rice 69ol; Jerry Pavia 8ul; Joanne Pavia 11o; John Glover 13ol, 14mr, 18ur; Lamontagne 16ur, 56; Philippe Bonduel 54ul; Ron Sutherland 14u, 16ul, 18ml, 20ur, 22ul, 29ol, 30or, 60ol; Tim MacMillan 34
John Glover: 32mr
Jerry Harpur: 10u, 41ul, 45ul
Clive Nichols: 19o, 48; Design: Jean Bishop 7ur, 12ur, 15ol; Green Farm Plants/Piet Oudolf 53m; Save the Children – Chelsea 1991 28ul;
Elizabeth Whiting & Associates: 6; Design: J. King 24

Umschlag: Auftragsfotografien mit Ausnahme von **Garden Picture Library**: Uv ul; Ron Sutherland Uv ml, Uh m; Jerry Pavia Uh ol; John Glover Uh or
Clive Nichols: Design Jean Bishop Uv ol
Steve Wooster: Uv l